虹を追うものたち

授業と演劇を通して自己変革をめざした生徒たちの軌跡

竹島由美子・山口文彦［著］

高文研

黒板に書かれたことがすべてなら白いチョークをひとつください
（西日本短大附属高校3年／樋口リカ）

●――もくじ

第Ⅰ章　胎　動――一九九四年
――それはひとつの決意から始まった……9

❖やってやろうじゃないか！
❖初日の教室で「あんた、誰？」
❖難しいこと言われたっちゃ判らんやん
❖クラスを牛耳る顔ぶれ
❖行徳の涙、母の訴え
❖誤字だらけの作文の中に…
❖そうだ、演劇をやろう！
❖説得から〝一本釣り〟へ
❖演じるのは学校一の不良役
❖生徒らのつぶやきを脚本に
❖俺たちが先生を県大会に連れてってやる！
❖夢の県大会と行徳の母の死

❖この体験を風化させない！

第Ⅱ章　予　感――一九九五年〜一九九八年
――確かに何かが生まれつつある……45
❖先生、もう一度芝居やろうよ
❖〝ミラクル三年六組〟の挑戦
❖あの知康が見事なダンス！
❖劇を上まわる現実のドラマ
❖静まり返る会場に流れた審査結果
❖神様からのプレゼント
❖何としてもチョウになれ！

三年の時を経て――
❖卒業後の彼らを支えたもの
❖演劇部の顧問は江口先輩？
❖古川夫妻との出会い
❖芝居は誰のためにやるのか
❖新しい指導者の誕生

第Ⅲ章　邂逅――一九九九年
――試すように現れた閉じこもり集団……71
❖ガラス細工のような少女
❖無気力な〝岩〟と〝クラゲ〟の集団
❖休み始めたエリを演劇部に
❖心に響く同世代の説得
❖突き返されたエリの作文
◆エリとの出会い
❖自分の居場所が見つからない…
❖怒鳴られ鍛えられる部員たち
❖生徒はまだ何も変わっていない…
❖彼らの現実をそのまま脚本に
❖これじゃあ芝居はできない
❖嬉しい応援団たち
❖多くの人に支えられ、演じきった舞台

第Ⅳ章　変貌――二〇〇〇年

――自己表現の面白さを知って……103

❖過去の自分と決別したエリ
❖野球部員たちの反発
❖揺れる演劇部員たち
❖ミホが書いた旅日記
❖テルヒサの作文「父との約束」
❖ユキの作文「私の父は中国人です」
❖ミホが教えてくれたもの
◘ミホの一人旅
❖共に育ち合う生徒、先輩、そして私
❖ユキの宣言
❖先生は介入しないで！
❖涙の半分は嬉し泣き
❖このままでは卒業させられない

第Ⅴ章　蹉跌——二〇〇一年
——沈黙する授業の中から……135
❖授業の半分を山口先生にゆだねる
❖戸惑い沈黙する教室
◆残り九カ月からの始まり（『迷う犬』別役実）
❖推参なる山口先生を倒す
◆初めての小説『任意の一点』（開高健）を読む
❖もっとハードルを高く！
◆時計の音が響く教室（『ミロのヴィーナス』清岡卓行）
❖考えることを楽しんで！
◆やっと動き始めた（『赤い繭』安部公房）
＊安部公房『赤い繭』総括（抜粋）
❖夏休み課外での試み
◆真夏の四作品

❖目前の進路に焦る
◆自分から逃げるな（『文学のふるさと』坂口安吾）
❖最後の舞台だから
◆停滞した秋（『檸檬』梶井基次郎）

第Ⅵ章　そして…旅立ち――二〇〇一年～二〇〇二年
――授業を通して共に何かを創り出す …………

❖落ち着きを取り戻した教室
◆倒されても起きあがる（『理性としての眼』津島佑子）
❖嬉しい知らせ
＊「水のエッセイ」コンテスト優秀賞「龍神の滝」
❖「総括」としての生徒たちの挑戦
◆最後のハードル（『藪の中』芥川龍之介）
❖時間が足りない！
◆冬休みの集中講義

❖文句無く合格です！
◆生徒たちの秘めた力
＊エリのレポート作成記
❖卒業を目前にして
◆一年間を振り返って
❖共にたたかった仲間として
＊「言葉」（生徒作文）
＊「これで終わる人生じゃねぇだろ」（生徒作文）

第Ⅶ章　萌芽——二〇〇三年
——卒業生たちは今・あとがきに代えて……217

〔解説〕竹島・山口実践に見る青年期教育の原点……226
福岡教育大学教授　高田　清

装丁＝商業デザインセンター・松田 礼一

第Ⅰ章

胎動

——一九九四年

——それはひとつの決意から始まった

❐――やってやろうじゃないか!

大学進学を目的として構成された「特進クラス」を中心として教え、担任してきた私が、「普通コース」と呼ばれるクラスの担任になったとき、親しくかつ信頼する同僚数人が口を揃えて私に言った。

「まあ、言い方は悪いけど、今までのクラスは誰でもできるもんね。高校生の枠内で真面目に生きようとしている生徒が多いし、曲がりなりにも進学を目標としている以上、生徒の方も計算できたからね。でも今度はちょっと違う。いろんな生徒がいるよ。中学やその地域で名の知れた猛《も》者《さ》、逆にいじめられた経験からほとんど喋らず蹲《うずくま》っている子、遊ぶだけが生き甲斐のような刹那的な子、それぞれ色合いがまったく違う。だけどこういうクラスほど、苦労はするけど、その分、教員やっててよかったと思うような忘れられない体験もできるもんだよ。やってごらんよ。もし竹島さんが今度のクラスを楽しみながら担任できたとしたら、本物というところかな」

「そんなに大変?」

「そりゃあ、スポーツでしっかり身体鍛えているようなデッカイお兄ちゃんたちが本気で反発することだってあるしね。ま、竹島さんなら連中も嫌がるか! 両者どうたたかうか、ちょっと楽しみだね」

そう言われると、よけいファイトが湧いた。
一六、七のガキなんかに負けてたまるか！

わが校は、福岡県南の郡部に位置する私立高校である。野球・柔道・剣道・バレー・バスケットなど、体育クラブに多くの奨学生が在籍しているのに対し、文系サークルは演劇・美術・書道・文芸が細々と活動しているだけという事実が、この学校の特徴を物語る。私学特有の「特進コース」も二クラスあるが、メインはやはりスポーツ生たちが多く在籍する「普通コース」である。月に一度の全校集会はスポーツクラブの表彰式のようなもので、文化部の方は、美術部や書道部がごくまれに表彰される程度である。私が顧問をしている演劇部も「特進コース」の生徒たちと四回ほど地区大会に参加してきたが、県大会でさえ、夢のまた夢といったところだ。なんといっても成果を挙げるスポーツ生たちが学校全体をリードしているのは当然のことだろう。

「普通コース」にはそんなスポーツ生たちに混じって、問題行動・不登校・学業不振など、問題を抱えた生徒たちも在籍している。むしろさまざまな表情を持つ生徒たちが共に生活しているというのが、わが校の魅力と言っていいだろう。担任はかなり苦労するが、それだけ生徒の日常に深くかかわらざるを得ない。大変な思いをする分、他校より喜びも大きいのかもしれない。

とは言うものの、今回のクラスには今までのような穏やかな生徒たちは少ないはずだ。いささか苦労はしそうだが、相手はしょせん一六、七のガキ。なめられてたまるか！

同僚たちの挑発にまんまと乗せられた単純な私は、彼らの思惑通り「やってやろうじゃないか」と久しぶりに闘志を燃やし、さっそく初日のホームルームで話すことをあれこれ考え始めた。

こうして九年前の四月七日の朝、私は初対面の彼らが待つ二年六組の教室のドアを勢いよく開けたのだ。

❒──初日の教室で「あんた、誰？」

チャイムが鳴ったというのに、案の定、教室は騒然としている。私は後ろ手でドアを閉めながら叫んだ。

「おはよう、席に着きなさい」

するとどこからか、ドスのきいた声が響いた。

「あんた、誰？」

一瞬、教室のざわめきが止んだ。

「担任よ。君たちのた・ん・に・ん。とにかく席に着きなさい」
二、三度叫ぶと、寄り集まっていた幾つかのグループがゆっくりと移動する。ネクタイもせず、胸のボタンをわざとはずした男子生徒数人が乱暴に椅子を引き、その背にもたれるようにして座ると、足を外へ突き出した。友人たちとひそひそと喋りながら、目はすくい上げるようにこっちを見ている。もちろん真面目に話を聞こうという姿勢の生徒もいないわけではないが、いかんせん、そういう連中がクラスの雰囲気を形成してしまっている。

「それでは自己紹介をします。私は…」

再びあちこちで喋り始めた。

「ちょっと、君たちは高校生でしょう。人が話そうとしているのによくも平気で喋れるわね。黙って聞くのが礼儀ってものよ」

ともかく静かにはなったが、あちこちから警戒と反発の視線が前へ飛んできた。

「ムカつく、言い方がイラっちくる」

大声で叫んだのは、一番後ろに座っている目つきの鋭い男子生徒。その思い切り横着な口の利き方が、私の闘争心に火をつけた。

「私の方がとっくにムカついてるわよ」

本気でキレかけた私は、チョークで大きく「竹島」と書きなぐった。

「これ、私の名前。本当は君たちに話すこと、いろいろ考えてきたけどやめるわ。私がどんな人間かは、あなたたちが自分の目でこれから見ていけばいい。あなたたちのことも、これからゆっくり見せてもらう。どうせすぐ覚えられるわけないんだから、自己紹介なんて要らない。じゃあ、これからの予定を説明します」

「ちょっと待たんね。担任ならとりあえず自分のこと、俺たちに紹介せんと判らんやん。それが礼儀じゃないですか、センセ」

今度はさっきの彼の前にいるやたらとデカイ生徒が言った。

「何言ってるのよ。礼儀知らずは君たちじゃない。とにかくお互い徐々に判っていけばいい。私も覚えたい人から覚えていくから」

「覚えたい人？　そりゃどげな意味ね。覚えたくない人もおるっちゅうことね」

後ろの彼の目つきがますます鋭くなった。それにしてもなんと敏感な反応。まったく敬語さえ満足に使おうとしないくせに、人の言葉の問題点には妙に素早く顔色を変える。

「だから人の話を真面目に聞こうとする大人には、私もちゃんと対応したいって意味よ。不誠実な人に努力は必要ないもの」

「真面目かどうかはちょっと見ただけじゃ判らんめもん。先生の見た目だけで判断されたら、俺たちムカつくやん」

「なかなかやるね！」——きっちり言い返してくるお兄さんたちの言葉に心の中でちょっと感心しながら、それなら私も頑張ってみるかと言葉を続けた。

「誰が見た目だけで判断するって言ったの？　人間として最低の礼儀さえ守ってくれたら、そりゃあ、私だってきちんと礼は尽くす。つまりすべては君たち次第ってことよ」

「それどういう意味ね。俺たち、自慢やなかばってん、相当バカやけん、最低の礼儀ち言われたっちゃ判らんばい」

「判らないなら威張って言わないでよ。そんなことで自慢されたら私だって困るわ」

「なに様と思いよっとかやん」

柔道部と思われるデッカイ坊主頭のお兄さんがちょっと凄みをきかせた。でもひょうきんそうなその顔は、まだあどけない。

「だいたい、俺たちなんて、全体を代表するような言い方しないでよ。勝手に自分のレベルに他の人まで引き下げてしまうのは卑怯ってものよ。それにクラスメイトにも失礼でしょ。ねえ、みんな、そう思わない?」

しらけた表情で座っている他の生徒たちに問いかけた。けれど彼らはどうでもよさそうに目をそらすだけ。その沈黙をいいことに、柔道部の坊主頭はますます強気に攻めてくる。

❏——難しいこと言われたっちゃ判らんやん

「なんちゃ?　あんたの言い方はなんかムカつくばい」

「どこがどうムカつくのかちゃんと説明してよ。それに、君にあんたって呼ばれる筋合いはない」

「あー、イラっちくる」

後ろの方に座っている五、六人の男子生徒が、口々にそう言いながらうなずき合っている。どうやらそのメンバーがこのクラスの中心らしい。ひょうきんそうな明るい表情の男の子が二、三人はいるようだが、あとは真面目だけどおとなしそうな生徒たちと、無気力な連中といったところか。ここは理屈で封じ込めるしかない。そう決めて、私は柔道部のお兄さんに向かって言った。

「君たちは自分に都合が悪くなると、すぐイラつくとかムカつくとか言うのね。それって一種の逃げよ。もっときちんと言葉で説明しなさいよ」

「だけんが言うたろうが。俺たち頭いい方やなかけんね。難しいこと言われたっちゃ判らんやん。あんたも先生なら、ちゃんと俺たちに判るように言わんね」

「ということは、つまり私を先生だと認めてくれているってことね。じゃあ、あんたじゃなくて、先生って言いなさいよ。別に私、君たちに尊敬して欲しくて言ってるんじゃないわよ。敬語をちゃんと使えないと、誰からも相手にしてもらえないから言ってるの。丁寧な言葉で喋られたら、誰だってその人にはきちんと対応する。でもぞんざいな言葉で言われたらぞんざいに扱うしかない。それが常識ってものよ」

「ぞんざい?」

「だから乱暴な言葉ってこと」

「あーもう、いちいちしからしか。俺たちに合わせて喋りゃあよかろうもん」

「ダメ！　これからは私に合わせて喋って」

「ほー、えらかやんね」

「そりゃあ、もちろん君たちより年取っているからね」

「というと、先生！　先生はいま何歳ですか？」

いたずらっぽい目をした可愛い表情の男子生徒が、ここぞとばかりに衝《つ》いてきた。

まずい！　私としたことが、自ら墓穴を掘ってしまった。「女も四十過ぎると、怖いものなんてない」と常々豪語してきた私だが、やっぱり自分の年は隠したい。

「いいじゃない、人の年なんか関係ないわよ」

「へえー、妙に弱気になったやん。先生にもしっかり弱みあるったいね」

勝ち誇ったように言うお兄さんたちの横で、おとなしそうな生徒や女の子たちがそっと笑った。

その表情が、私に不思議なほどの大きな安堵感をもたらしてくれる。何が判るわけじゃないが、そのとき私は、この威勢のいいクラスもなかなか悪くないなと、ひそかに思い始めていた。

❏——クラスを牛耳る顔ぶれ

そして二カ月が過ぎた。生徒たち一人ひとりのだいたいの輪郭はつかめたものの、どう指導していけばいいのかという方向性は依然として見つからず、私はいささかうんざりしかけていた。ひと言で言えば、アフターファイブにのみ青春を感じるという多くの生徒たちに、学校という空間で充実感を抱かせることは至難の技という気がしてならなかったのだ。

けれど、そんな中にあっても、いつも真面目な態度でじっと黒板を見つめるメンバーが半数近くいることは私の唯一の救いだった。とりわけ知康の真摯《しんし》な表情は、私に勇気を与えてくれた。一年次の担任に聞けば、中学時代の彼は重症の登校拒否に苦しみ、高校に入学してからもかなりな日数を休みながら、ようやく進級したらしい。ところが二年になって、ほとんど喋りはしないが、毎日ちゃんと学校に来ている。おそらく彼の中に何らかの決意があってのことにちがいない。とすれば、どんなに腹立たしいクラスだとしても、とにかく知康たちのように何かを求めようとしているメンバーに快適な環境を保証していくことが、私の当面の仕事なのではないか。私は投げ捨てたくなるたび、知康の表情を見ては、自分の気持ちを前に向かわせるよう努力した。

がしかし、そんな私の思いとは裏腹に、どんなに注意しても怒っても、決まった顔ぶれの五名が遅刻や欠席を繰り返す。とりわけ気になったのは、最初から鋭い目つきで私に向かってきた正直と、いつもつまらなさそうにぼんやり座っている敦也の二人。バンドマンを夢見る正直は、アルバイトをしてお金を貯めることが何より重要なことで、学校は二の次だという。中学時代から遊び中心の敦也もまた、とりあえず学校に来てはいるものの、勉強にはほとんど興味がない。しかも敦也の場合、柔道部の剛や、元サッカー部の隆史と同じクラスになったことにかなりなストレスを感じているようだ。

私が初めてこのクラスに入ったとき、凄みを利かせた坊主頭の剛は一八〇センチで九〇キロ以上、剛と共に最初から私にくってかかってきた隆史が一八七センチの長身でスポーツ万能とくれば、怖がるのも無理はない。剛は中学時代から柔道の腕だけではなく、喧嘩の腕でも有名な存在で、高校に入ってからも剛に逆らう者はいないという。どうやらややこしいメンバーがクラスを牛耳っているようだ。困ったものだと、ますますうんざりしていた私に追い打ちをかけるように、暗い表情の行徳が訴えてきた。

「先生、クラスを変えてください。僕をいじめるあの三人とはやっていけません」

話を聞けば、一年のときから剛、隆史、正直の三人組にいじめられていたらしい。行徳自身も一八〇センチの長身ではあるが、やせてひ弱な彼が太刀打ちできるはずはない。また母親が心臓病で何年も入院したままというから、気弱になってしまうのも当然かもしれない。でも行徳の方も、あんなに陰湿な表情で睨みつけるばかりでは、いじめられても仕方ないかとさえ思ってしまう。私はとりあえず三人を呼んで話をすることにした。

❏——行徳の涙、母の訴え

「君たち、なんで行徳をからかうの。嫌がってるんだから、やめなさいよ。いい身体をした男がすることじゃないわよ」

「だいたい、あんやつがイヤズラすっとばい」

「イヤズラ？　ああイヤなツラってことか。なるほどね。なかなか面白い言葉ね」

「なんば感心しよっと。どこが面白いか、いっちょん判らん」

「ま、とにかくあの子、学校やめたいって言ってるのよ。君たちのせいでそこまで悩んでるなんて怖いことだと思わない？」

「なんで気にせやん？　やめようがどうしようが、あんやつの勝手やんね。それに俺たち、あんやつにやめて欲しいと。やめてくれるならせいせいする。よかった、よかった」

まったく可愛げのないことはなはだしい。どうしてこうも心が荒んでしまうのか。感情的になって、私は思わず口走った。

「君たち、人の気持ちも判らないなんて最低よ。バカじゃないの」

「バカっち、そげん簡単に言わんでやん。俺たち、たいがいバカっち言われてきたけんね」

妙にリアリティーのある言葉の響きにたじろいだ。

「ごめん、でも…」

「あんやつ、ちょっとしたことですぐいじけて、女みたいに先生に言いつけては同情してもらおうとする。そこが一番好かんやん」

「判った。じゃあ行徳にもそこを考えさせる。だから君たちも彼をむやみに傷つけないで」

確かに行徳はもっと強くなる必要がある。今度は行徳を呼んで話をしようとした。すると、行徳は涙ぐんで言った。

「先生、お母さんがあまりいい状態じゃなくて、手術をしないと危険って言われて、だから心配で…」

「なんで早く言わないの」

肝心な話は後回しにして、とにかく私も一緒に病院に行くことにした。

大きな手術を控えてはいるものの、まだ面会は自由だというので病室に入ると、

「ぜひとも一度会って行徳のことを頼んでおきたかった」と、母親は切々と言った後、言葉を続けた。

「私はいつどうなるか判らない状態です。だからこの子には強くなって欲しい。ひとりで生きていけるように強くなって欲しいんです」

そんなこと言うなと、しきりに首を振る行徳に、母親は「そんな弱い気持でどうする！」と叱りつけた。

「先生、私はこの子には母親らしいことは何もしてやれませんでした。だからせめて、誰でもひ

とりで生きていくしかないってことだけは、私の姿から学んで欲しいんです」

病院からの帰り道、私はどうにかして行徳を自立させ、彼の高校生活を充実したものにしてやらなきゃと決意した。

翌日、例の三人を呼んで、行徳の母親が病気であることを話し、「むしろ君たちこそが助けてやって」と頼むと、ちょっと驚いた後、妙に素直に、「知らんやったけんね。判った」と言うと、三人肩を並べて職員室を出て行った。

すぐに状況が変化するほど甘いものではないと思うが、ひとまず一歩前進。今度は行徳とじっくり話をしようと、立ち上がったそのとき、職員室の入り口で周平が生徒指導部の教員から怒鳴られている。

「だいたいこの靴下の色は何なんだ。それに胸にはネックレスか。何だ、その目は！」

他校をやめて、しばらく働いてから入学してきた周平は、ひとつ年上だけあって、ある程度対等に話ができ、理解力もあると安心してきたのに…。まさに「周平、お前もか」と言いたい気持。こっちを消しているうちにあっちで火が出てと、毎日うんざりしているうちに一日が目まぐるしく過ぎていく。

――誤字だらけの作文の中に…

彼らを担任しておよそ三カ月、それぞれ少しは落ち着いてきたものの、椅子や机にぐったりと身体を預けてアフターファイブに備えるという彼らの姿は、私の心をざらつかせる。

「十六、七にしてなんと立派な老人だこと」と、心の中で毒づきながら、その虚《うつ》ろな多くの目と諦めを共にしながら生きていくのは真っ平ご免だと、思い続けていた。気まずい空気が充満する教室の中で、私の苛立ちはついに極限に達していた。だからその怒りにも似た思いを、何度も彼らに投げつけた。

「十六、七って、きっと人生で一番素敵な時代のはずよ。なのに何なの、その疲れた顔は。哀れな青春、お気の毒さま！」

「ご心配なく。夜になったら俺たちバリバリよ。昨日も高良山《こうらさん》でコーナー攻めてきたもんね」

まず最初に言い返してくるのは、いつも決まって隆史や正直らバイク野郎たち。

「でもそれはしょせん瞬間だけの幸せでしょ。その時限りのはかない青春なんて淋しすぎるって思わない？」

「これだから年取った人は困るよ。いいじゃないですか。俺たち、その瞬間に生きてるんだから」

「じゃあ、それ以外のほとんどの時間は死んだように生きてるってわけ？」

「あー、もう、俺たちがそれでいいって言ってるんだから、どうでもよかやんね」

「まあね。何もないよりましか…。じゃあ、他の人たちはいったいどんなときに生きててよかったって思う?」

と問いかける私に、

「やっぱ、柔道やってるときやろね」

と即座に答えてくるのは柔道部の剛だけ。多くの生徒たちは相変わらず精気のない表情でぼんやり座っているか、「エロ本見てるとき」と茶化してくるのが、毎回お決まりのパターンだった。

ある日、私は、

「君たちねえ、本当なら今が一番豊かな季節のはずよ。いいの? そんなに惨めな青春で終わって。若者らしくきらきら輝いて生きていきたいって、そう思うことないの?」

珍しく私はしんみりと問いかけた。なのに、

「きらきら輝けっち言われても、俺たち、ハゲやないけんね」

ふざける剛の言葉に皆どっと笑う。

「何がおかしいのよ。くだらない。私は真剣に聞いてるの。生きてるって実感を手にしたい、精いっぱい生きてみたい、そう思わないかって聞いてるの!」

そう言いながら私は黒板に大きく「君は輝いているか?」と書いた。そして黙って原稿用紙を

配りながら、「なんば書かやんと?」と、ざわつく作文大嫌いの彼らに、きわめて威圧的に言った。

「今からこの紙に今の自分の気持をありのままに書いてごらん。本当にこのままでいいと思っているのか、今の自分に満足しているのか正直に書いてごらん」

といっても、さほど期待していたわけではない。しょせん「これを提出しないなら一学期の成績はつけないからね!」と脅迫して書かせた作文。きっといい加減なものばかりに違いないと、半ば諦めつつ集めて職員室に戻ったものの、すぐには読む気が起こらない。「どうせ…」と思いながら原稿用紙をパラパラとめくると、案の定、ひらがなばかり、誤字ばかり。それでも読むしかないかと椅子の背にもたれかかりながら、仕方なく読み始めた。

□――そうだ、演劇をやろう!

ところが不思議なことに、いい加減に書いたとしか思えないようなそれらの作文を、私は徐々に真剣に読まざるを得なくなってしまった。そこには異口同音に「本当は今の自分が嫌いだ」と、自分のあり方を否定する言葉があふれており、私はある種、奇妙な可能性を感じたからだ。

とりわけ意外だったのは、隆史や正直や周平ら、一見派手に自由に生活していると思われる者の方が、むしろ積極的に「遊び以外、何もしたいことのない今の自分は中途半端だから、輝いていないし、好きになれない」と断言していたことだ。友人たちと楽しむことに関しては天才的であり、放課後になるにつれ、元気になる遊びの達人たちであっても、心のどこかで「遊びだけではもの足りない、自分が真面目に取り組める何かが欲しい」と求めているという事実は、私に新鮮な驚きを与えた。

そして最後に手にした珍しく長い知康の作文は、より強く私の心をとらえた。

〈他人から見たらただ黙って座っているだけの僕でしょうが、少なくともかつての自分を克服したことで自分に自信を持てるようになった今、僕は少しずつ輝きつつあると思います〉

幼いながら生きていくことの苦しみや危うさを体験した生徒が、自らの心の中をきわめて真摯に語りかけてくる。その何枚かの作文は私に大きな勇気と愛情を感じさせ、もう一度彼らの作文を、今度は丁寧に読み直してみた。すると、力のないミミズの這ったような字の奥から、「生きている実感を手にしたい」と叫ぶいくつもの若い魂が私の前に姿を現した。思えばそのとき、私は初めて彼らに出会い、〝自分のクラス〟という愛着を感じたのだと思う。と同時に、もしかしたら面白くなるかもしれないという期待と、やってみるかという決意も、私の中に芽生え始めていた。そして私は不意に思いついた。

「そうだ！　演劇をやろう！」

四年前から演劇部顧問をしている私は、今まで「特進クラス」の生徒たちと既成の脚本を選んで秋の地区大会に参加してきた。どの年も真面目すぎるのが欠点と思われるほど真摯な生徒たちに囲まれ、少々難解な脚本にもあえて挑戦してきた。入賞こそできなかったものの「演劇をしていたからこそ大学進学も獲得できた」と言って卒業していく部員たちの言葉に励まされ、毎年夢中になって夜遅くまで練習を重ねてきた。

でもこのクラスの担任になって疲れ果てていた私は部員勧誘さえしておらず、今年は参加できないだろうと諦めていたのだ。ところが彼らの作文を読み終えたとき、私の中に再び情熱が蘇ってくるのを感じた。

どんなに稚拙な舞台であれ、とにかくこの子たちと何かやってみよう。その思いつきは実に唐突でありながら、なぜか妙に私を駆り立てた。やってみなけりゃ判らない、何もしないで失望するのは傲慢以外の何ものでもない！

❐――説得から〝一本釣り〟へ

国語の授業そっちのけで、次の日から私は彼らに演劇の面白さをくり返し話した。

「演劇の面白さは舞台の上では違う自分になれるということ。でもね、本気で演じているうちに演じている役に現実の自分がどんどん近づいてくる。そして気がついたら別の自分を発見することがあるの。ね、すごいことだと思わない？」

「どこが？」

熱弁をふるう私の顔を皆、呆れたように見ながら一応聞きはするが、期待したほどの手応えはどこからも感じられない。

「どうして新しいものに興味を持とうとしないの？　とりあえずやってみようという好奇心はないの？　今のままの自分じゃ嫌だって書いてたじゃない。だったらとにかくやってみようよ」

「俺たちにはバイクがあるもん。演劇やらしている暇ないもんね」

と笑ったのは隆史と正直。

「演劇やらするのはオタクばい。男はやっぱスポーツせんとね」

としきりに邪魔をしたのは柔道部の剛。

そんな声に同意するかのように皆ニヤニヤと笑うだけで、本気で考えようとする雰囲気はない。

とうとう私は腹立ちまぎれに捨て台詞を言い放った。

「大きな舞台でカッコいい役でもやれば、ちょっとしたスターになれるところなのに残念ね。それに他校の可愛い女の子と知り合うチャンスだってあるというのに、あーあーもったいない」

「えっ？　可愛い女の子って、先生、演劇部に入ったら紹介してくれるんですか？」

今まで知らん顔をしていたくせに、女の子の話となると、突然、態度を豹変させる奴など、誰が信じるものか。

「さあね。もういいわ。授業を始めます」

今度は私の方が無表情に話を打ち切った。といっても諦めたわけではない。翌日から一本釣り勧誘へと、その手段を変えた。声をかけていったのは、最初から私の挑発に乗ってきたクラスの中心メンバーと、心に何らかの問題を抱えている生徒たち。

「悪っぽい雰囲気をカッコ良く出せるのは、やっぱ隆史と正直よね」

二人ともちょっと悪ぶって見せてはいるが、なかなかのハンサムボーイ。

「行徳、その長身とスタイルの良さは使えるわよ」

相変わらず暗い表情ではあるが、抜群のスタイルの良さはきっと彼の武器になる。

「敦也、吉本興業に入りたいって言ってたよね。君のお笑い系の才能がすごく必要なの」

最初は判らなかったが、夜遊び名人だけあって、彼には妙に人を楽しませる才能がある。

「周平、あなたは当然、私に協力してくれるわね」

一年間のブランクが彼をうまく世慣れた男にしているようで、まとめ役には最適だ。

もちろん誰もが「演劇やらせんばい」とか、「勘弁してくださいよ」などと言ってはねつけてきたが、私はひるまず言い続けた。授業中に、「ねえ、真剣に考えてよ」とお願いしたり、廊下で後ろから追いかけてブレザーを引っ張りながら、「ねえ、やろうよ」と、皆の前でわざと派手に頼んだりしてしつこく付きまとった。優位に立った彼らはニヤニヤとしながら、「しつこかね。せんって言よるやんね」と手をひらひらさせたり、ブレザーをつかんだ私の手をいっぱしの男のようにカッコよく振り払ったり。

そして三日後、私は手のひらを返すように冷たく言い放った。

「あ、そう。なら他の子に頼むわ」

すると、彼らは聞いてきた。

「ちょっと待たんね。なんで俺たちに声をかけた?」

「カッコいいからに決まってるじゃない。でももういいわ。何も君たちだけがカッコいいワケじゃないもの。カッコいい子は他にもいるし、違う子にあたるわ」

くるっと勢いよく背中を見せて立ち去ろうとすると、後ろから声がした。

「どんな役して欲しいのか、話だけ聞いてもいいけど」

こうして、とにかく演劇部らしきものがスタートした。隆史、正直、行徳、敦也、周平、それに私がこの子だけは絶対入れようと心に決めて説得した知康、消極的であれ、最初から協力してもいいと言ってくれた女の子四人、そして昨年から活動してきた「特進クラス」の女子生徒四人。同じ場所で活動することなどあり得ないと思われた一四人との、まさに珍道中が始まった。

❐——演じるのは学校一の不良役

「竹島さん、そりゃ無理。放課後こそ生き甲斐の彼らが、残って練習するはずがない」

夏休み直前、クラスのメンバーを使って演劇大会に出ると宣言した私に、仲間たちが笑いながらそう忠告してくれた。確かに最も自由を欲しがる彼らにとって、唯一〝自由〟な放課後の時間を取り上げることは、まさに暴挙とも言える行為であることくらい、私にも判っているつもりだ。

案の定、私が無理矢理引きずり込んだ一〇人は、「毎日練習するのはきつい」「日曜日はゆっくりしたい」「バイトがあるから、四時までに帰りたい」と、それぞれしきりに拘束される時間を気にする。

「放課後、どうしてもしたいってことがあるの?」

「別に」

「それならやってみたっていいじゃない」

「だけどバイトはするよ。バイトしてお金貯めた方が、もっと自由に楽しく遊べるもんね」

「お金があれば自由になれると思うのは間違いよ」

「なんで? 好きなもの買って、カラオケみんなで行って」

「それが自由? あのね、自由っていうのはね…」

彼らが帰った後、横で聞いていた仲間が慰めるようにつぶやいた。

「だから無理だって言ったんだ。学校に来る意味が見つからないあいつたちにとって、放課後からがようやく生きてるって実感できるときなんだから。気持は判るけどね」

その優しさに感謝しながらも、「学校に来る意味が見つからないあいつたち」という言葉がなぜかよけいに私を駆り立てる。「勉強したくないし、もっと自由に遊びたいから」と、たいした理由もなくすぐ学校をやめたがる彼らだからこそ、やってみる価値はある、やってみるしかないと、ますますその決意を固めていった。

夏休みになって私が選んだ脚本は、学校をやめたいという三人の女子生徒をめぐって、四人の教師と母親が絡み合うというクラスの現実をそのまま持ち込んだようなストーリー。しかも私は、思いっきり好きにやってみたいという隆史と正直のために、彼らにピッタリの役を書き込んだ。教員からも恐がられているという学校一の不良の役。

「俺たちにピッタリのカッコいい役ならやってもいいけど」と言ってきた彼らに、「だから不良の役」と説明すると、最初は少しがっかりしたようだったが、そのうち髪を金髪にしてもいいかと条件までつけてきた。

「すぐ色が落ちるのなら何してもいいよ。衣装はまかせる。君たちなら不良の着る学生服がどんなものか、私より知ってるだろうし」

「当たり前やんね。俺、自前でいく。中学時代の短ラン持ってくるけん。隆史は長ランできめんね」

「短ラン、長ランって何？」

「それも知らんとね。短い学生服と長い学生服のこともたい。先生のくせにもの知らんね」

「だって…。まあ、好きにして。そこは専門家にまかせる」

このきわめて身近な脚本に、彼らも少しは興味を抱いたようで、相変わらず「自由」を奪われたくないと文句を言いながらも、徐々に練習らしきものに付き合ってくれるようになっていった。

❐――生徒らのつぶやきを脚本に

二学期が始まり、ようやく役は決まったが、何とか練習をさぼろうとする敦也、言い争ってはすぐふて腐れる行徳、あくまでもバイト優先の隆史や正直と、まったく大会まで劇らしきものができるかどうか、私でさえうんざりしかけていた。

昨年から一緒にやってきた「特進クラス」の女子生徒たちも、なんとか彼らにやる気を起こさせようと必死で働きかけているが、彼らの方もそう簡単に変わりそうにない。それどころか、去年から部長を引き受けている女子生徒が優しい性格なのをいいことに、ちょっと目を離すと言いたい放題、傍若無人。とにかく大会に出場したいからと、じっと我慢して練習させようと努力している彼女たちを励ましながら練習を続けていった。

二週間ほどして、皆で突っかかりながらも本読みをしていると、周平がふとつぶやいた。

「俺もね、先生。前の学校やめてここに入学したものの、やっぱり面白くなくて、一年の一学期に学校やめるつもりで家出したんだ。二カ月くらいガソリンスタンドで働いたけど、そりゃあ毎日楽しかった。自由だし、誰からも命令されないし。でもね、しばらくすると、土曜の午後がちょっとたまらなくなった。制服を着た高校生たちが笑い合いながら楽しそうに通り過ぎていく。すると、どうしても俺は目をふせるしかなかった。なんか取り残されたようで、もうあの明るい世界に戻れないような気がして。今はやめなくてよかったってつくづく思う」

ありのままをさりげなく語る彼の言葉が私の心に突き刺さる。そしてまたある日、中学三年のとき、ほとんど学校に行けなかった知康が珍しく口を開いた。

「その頃の僕にとって学校はまさに戦場でした。行けば必ず心をズタズタに傷つけられる。だから僕は家の中に閉じこもって自分を守ろうとしました。担任の先生はとても信頼できる人で、何度も話に来てくれましたが、その頃の僕は心を閉ざして自分の殻から出る勇気がありませんでした。けれどそのひとりきりの空間は、実はもっと地獄でした。だってそうするしかない弱い自分を、今度は自分自身が憎むようになっていましたから。今も言いたいことの半分も主張できない僕ですが、でも学校に来て、皆とこうして過ごしているというだけで心は満たされています」

一瞬、皆シーンとして、めったに喋らない彼の言葉にじっと聞き入っていた。

「なんてきれいな言葉なんだろう…」

私の心の中に彼の言葉が、まるで詩のように沁み込んでくる。私は思い切って脚本を書き換え、彼ら自身をそのまま登場させることにした。

――高校時代に家出をし、そのときの孤独感が忘れられない先生。登校拒否の経験を通して、友の大切さをクラスメイトに語りかける生徒。高校時代、数学はいつも赤点で二回も謹慎をくった愉快な先生。

彼らの言葉をまとめながら脚本を書き換えていくうちに、彼らは徐々に奥に秘めていた自分らしさを発揮し、実に伸びやかに動き始めている。私が特に好きだったのは、中学時代に着ていた超短ランの正直と、友人から借りてきた長ランの隆史が、生活指導部の先生役の敦也に詰め寄り、「ガンをとばし」ながら脅すシーン。あまりのうまさに練習のたびに何度も私がリクエストすると、彼らもまた「懐かしかあ」などと言いながら、あれこれ工夫をする。ふざけながら、喧嘩しながら、彼らは急速に自分たちの舞台を創り出していった。

そして役を演じていたはずの彼らは、いつのまにかそれぞれの役を身近に感じることで、今まで考えもしなかった自分自身の輪郭を確かにたどっていったようだ。それは、以前の彼らにとって何の意味もなかった「自分を知る」という行為そのものだったようだ。ひとつの世界を共に創り出していこうとする彼らの前で、私はただ笑って見ているだけでよかった。

❐――俺たちが先生を県大会に連れてってやる!

一一月一二日地区大会当日、幕が上がる直前のざわつきの中で、深呼吸を何度もくり返しては皆、緊張をほぐそうと必死だった。舞台には、冒頭シーンの机と椅子がポツンと一組置いてある。その机の前で、作文を読む学生服の知康が原稿用紙を持って震えていた。

すると突然、思い切り不良の格好をした隆史が、知康の肩に手を置いて言った。

「知康、落ち着け。後ろには俺たちがついている。たった五分でもお前の作文がこの劇の中心なんだから頑張れ！」

隆史を見上げるようにして、知康がかすかに笑った。

「客席にはカボチャが並んでると思え」

乱暴な口調ながら、正直も気弱な知康を必死で励まそうとしている。

「みんな落ち着くのよ」

誰よりも落ち着かず、同じ言葉をくり返す私の肩を誰かが押さえつけた。振り向くと、隆史が私を見下ろして言った。

「先生こそ落ち着いて！　県大会に行くのが先生の夢だったよね。その夢の県大会に俺たちが連れて行ってやる」

「本当？　本当に連れて行ってくれる？」

「絶対連れて行ってやる！　まかせんかい」

正直が続けた。

「絶対よ。本当に連れてって！」

皆が笑いながらうなずくのを見て、私は急いで本ベルの鳴り響く会場へと走った。

「先生、こっち」

前の方から剛が手を振る。見ればクラスのほとんどが応援に来ていて、剛の指揮のもと、前の席を占領している。後ろには何人ものわが校の先生たち。

やがて客席の明かりが消え、静けさを取り戻した会場に冒頭の曲が流れた。協力してくれた先生が大江光のＣＤから選んでくれたのだが、クラシックなんか聴いたことなかったという彼らが〝俺たちの曲〟と称して繰り返し聴いては、しきりに題名を知りたがっていた曲だ。その透明なメロディーは、私の中の緊張をいつしか祈りにも似た思いへと変えてくれる。ゆっくりと上がる緞帳を見ながら、「誠実にのびのびと自分を表現して欲しい」と、ただそれだけを願い続けていた。

そしてついに始まった彼らの初舞台。小さな光の輪の中の知康が、震えながらも、はっきりとした口調で自分が書いた作文を読んでいる。

「知康、頑張れ、知康、頑張れ」

私は手を組み合わせたまま、その言葉を心の中でひたすらくり返した。次の瞬間、舞台がぱっと明るくなると、人のいいドジな先生役の敦也が生徒から取り上げた漫画に笑い転げている。呆れ果てる同僚教師の周平。天性のひょうきん者敦也のしぐさに最初から会場はどっと湧く。客席の反応にますます調子づく敦也と周平の伸びやかな表情がたまらなく嬉しい。しかしなんといっても圧巻だったのは、不良役の隆史と正直のど迫力。昔を思い出しながら自分たちで台詞をつくっていったというだけに、その自然さは演技とは思えないほど。こうして会場を巻き込むようにして五〇分の時間が流れ、夕焼けで真っ赤に染まった舞台の職員室に幕は下ろされた。

「あー」と思わず安堵《あんど》のため息をもらし、椅子の背にぐったりもたれかかった私は、「早く楽屋にいってやれよ」という横にいた先生の声でようやく我に返った。背中を押されるように立ち上がると、見知らぬ女性が「ありがとうございました」と頭を下げた。驚いて見つめると、涙ぐんでいる。

「中学時代、知康くんの担任をしましたが、彼がこんな舞台に立つなんて思いもしませんでした。彼から見に来て欲しいと言われ、びっくりしたのですが、舞台に立っている彼を実際に見て感動しました」

知康が苦しんでいたとき、励ましてくれた先生だ。そのとき先生の優しさに応えることができなかったと、いつか悔やんでいたが、こういう形で彼は感謝の気持を伝えたのだろう。その先生の顔を見つめながら、思わず涙ぐんでいると、「先生!」という幾つもの声が私を取り囲んだ。応援に駆けつけていたお母さんたちだ。互いに「よかったですね」と言い合うだけで、あとの言葉が続かない。

「とにかく楽屋に行きましょう」

お母さんたちの背中を押すようにして歩き出すと、行徳の母親の車椅子が人混みの中に見えた。心臓病で八年間も闘病生活をしているこの母は一カ月前、危険な状態に陥ったが、「大会までは死ねない」となんとか持ち直したと聞いていた。外出は三〇分が限度ということだったので、私は急いでその人を追いかけた。

「大丈夫ですか?」

「来てよかった。県大会にまた観に来たい。県大会にきっと行けますよ」

そう静かな表情で答えてくれた。けれどもその間も父親はゆっくりと車椅子を押し続け、やがてその母は、はしゃぎ合う高校生たちで賑わうロビーの中にひっそりと消えていった。

❐——夢の県大会と行徳の母の死

それからちょうど一週間後、行徳の母親の言葉通り、彼らは晴れやかに夢の県大会の舞台に立っていた。残念ながら九州大会は逃したものの、私たちは県大会の夢が実現したことだけで満足していた。来てくれると信じていた行徳の母親が会場に姿を見せなかったことは気になっていたが、私たちは願いが実現したという喜びの余韻をしばらく楽しんでいた。

もう年の瀬も押し迫った一二月二七日早朝、その人がとうとう力尽きたという知らせが入ってきた。具合が悪いと聞き、誰もが心配していた矢先のことだった。通夜の席に駆けつけた部員たちは、涙を拭う友人の姿をじっと見つめていた。

「あのときの無理がたたったのでは…」

恐る恐る訊く私に、父親は首を振りながら言った。

「いいえ、母さんは毎日毎日あのビデオを見ていました。母さんにとって何よりの土産です」

帰る間際、行徳が外まで出て来て「ありがとうございました」と静かに言うと、誰もが黙って肩を叩きながら、彼の手を握り締めていた。それは緞帳の中で互いに手を重ね合っていた本番前と実によく似た光景で、私はあのときと同じように、そっと後ろに下がりながら、彼らの後ろ姿を見ていた。

思えば、皆で演劇をするなど予想もしなかった半年前、母親の具合が悪くなるたび些細なことで涙を流す彼に、「男のくせにメソメソするな」と彼らは荒々しい言葉を投げつけたものだ。その弱々しかった彼が人生における最も深い悲しみに直面しながら、微笑さえ浮かべて「大丈夫だから」と答えている。そして、他人の心情に寄りそう努力などしようともしなかった彼らもまた、言葉を選ぶが故に言葉少なにじっと黙って立っている。

見送ってくれた彼の姿が建物の陰に隠れると、ひとりの女子生徒が「先生、演劇やってよかったね」とつぶやいた。それは私の心の中に湧き起こってきた言葉でもあった。

「本当にやってよかった。県大会が決まったときより、今の方がずっとそう思う」

その生徒の手を握りながらそう答えると、「うん」とうなずく幾つかの気配を傍らに感じた。

演劇という未知の世界の中で、彼らは初めて自分の輪郭を発見し、また母を失った友人を囲むことによって、他者の悲しみを共有しうる自分と出会ったのではないか。同じ夢を追いかけながら喜びの大きさを知った彼らは、同時に悲しみの重さにまで気づいたように思えてならない。夕暮れの町並みを肩を並べて歩きながら、私は改めて共に心を揺さぶり合った時間を懐かしく感じていた。

❐――この体験を風化させない！

年が明けて新学期が始まると、私にまた気忙しいばかりの毎日が戻ってきた。県大会直後、「どんな経験をしたからって、そう簡単に彼らが変わるわけではないよ。それは覚悟しておいた方がいい」と、冒頭シーンの曲を選んでくれた五條先生が言ったように、彼らの遅刻も授業中の居眠りも減る様子はない。帰りのホームルームで長々と説教したある日、怒りが収まらないまま職員室に帰ってきた私に、五條先生が笑いながら言った。

「俺の予言通りだろ。まあ、そう怒るな」

「でもね、あれだけの経験をしたら何かをつかんだはずよ。まったく、どうして？」

「そう簡単に大人の思うようにならないところがあいつたちの魅力だろ？　だから自分たちの世界をマイペースで創っていったんだから。大人に寄り添おうとしない彼らはむしろ健康なんだよ。今どき希少価値的存在だよ」

　確かにそうだ。大人の価値観に合わせて計算して生きる気などさらさら無いところが、彼らの魅力と言っていいだろう。「でも」と言いかけると、五條先生が遮るように言った。

「そう言えばあいつたちが知りたがっていたあの曲の題だけど、〝夢〟だった。あいつたちに教えてやって」

　なんという偶然の一致。同じ〝夢〟を追いかけて過ごしたあの日々が、再び鮮明に蘇ってきた。彼らが卒業するまで、諦めたり立ち止まったりしている暇はない。彼らと共に、〝夢〟を追いかけたあの体験を風化させてなるものか。私は自分に言い聞かせた。

第Ⅱ章

予感

――一九九五年～一九九八年

――確かに何かが生まれつつある

❒――先生、もう一度芝居やろうよ

彼らを担任して一年が経過した。希望通りクラス替えもなく、そのまま持ち上がれたものの、私は強い不安を抱かざるを得なかった。いつの時代も三年を担任するというのは憂鬱なことだが、昨今のように就職がこうも厳しい時代となっては、全員の進路保障というのはかなり難しい。

特に私のクラスのように、成績とは関係なく進学希望者を集めたという位置づけのクラスとなると、どんなレベルであれ、大学というのはもっと困難になる。どうしても大学に行きたいと希望するものにとって、小論文で受験できる一一月の推薦入試しかチャンスはないといっていいだろう。ろくに勉強もしないくせに大学希望欄に平然と丸印をつける〝世間知らずの明るい受験生たち〟を前にして、何度ため息をついたことだろう。

だから、バイトとバンド活動が忙しくなった正直を除いて、演劇部のメンバーのうち男ばかり五人が、「先生、今年も芝居しようよ」と言ってきたとき、「やってみたい」という自分自身の強い願望を振り払うためにも、ことさら強く断言した。

「無理よ。進路決定の大事なときに何言ってるの！」

私にしても、昨年、まさかの県大会出場という快挙を成し遂げた彼らに今年もやらせてみたいと思っていただけに、彼らの方から言われると心を動かされてしまう。しかし演劇で自信をつけたのか、周平、隆史、敦也、知康の四人に大学を目指すと宣言されてしまうと、「とにかく演劇はあきらめなさい」と言うしかない。

すると、彼らは即座に私に詰め寄ってきた。

「それなら勉強すればいいんだろう？　一学期必死で勉強して絶対、推薦取るから、夏休みから始めよう」

「それが本当にできるのならね」

でもそのときの私は、学習面における彼らの実行力を信じていたわけではない。どうせすぐに投げ出してしまうに違いないと、予想していた。

❐——〝ミラクル三年六組〟の挑戦

翌週から、工学部を希望する隆史は、進学クラスの朝夕の課外に一日も休まず出席し、まったく解らなかった数学に文字通り必死で取り組んだ。その甲斐あって、第一回の推薦模試では一〇点しか取れなかったにもかかわらず、夏休み前の模試では五〇点まで上げてきた。その間使ったノートが六冊。すっかり自信をつけた彼は、ある大学の指定枠まで狙うと言い出した。

一年次、欠席の多かった知康と敦也も、成績を挽回するため、中間・期末の平常テストにかけ、ひたすら努力し始めた。その結果、共にクラス五位以内という好成績で、推薦の枠内に急浮上してきた。

　また以前から文章を書くことが好きだった周平は、小論文で受けられる大学を目指して原稿用紙を埋め続け、夏休み前の小論文模試ではたったひとり「可能性あり」との評価を得た。

　早くから名古屋の看護専門学校を希望していた行徳も、看護士という夢を実現させるため、周平と共に文章を書く練習を重ねていた。

　そんな彼らの意欲的な態度は、クラスにも大きな影響を与えたようだ。〝ミラクル三年六組〟と自分たちで勝手に命名し、多くの生徒が自分たちの現実より高い希望を持ち始めた。行徳の母親が亡くなったとき、「演劇やってよかったね」と、私につぶやいた演劇部の女子生徒などは、なんと、言語療法士を目指すと言う。

　ここまで生徒たちが言い出すと、私の方も簡単に「それは無理よ」とは言えず、引っ込みがつかなくなっていると、何人もの助っ人が名乗りを上げてくれた。無償で夕方の課外を引き受けてくれた非常勤の若い先生、面接の指導をずっとやってくれた進路の助手のお兄さん、看護系の生徒のため、数学の個別指導をしてくれた先生――。そんなクラスの動きを前にして、不安を抱えながらも、私は地区大会に参加しようと決意した。彼らが新しい世界に挑戦しているように、私もまた、彼らにしか出来ない彼らのための脚本作りに挑戦してみよう。彼らは昨年の経験を原点として、夢見ることを知った。そして今、夢に向かって歩くことが青春の特権であることを実感しつつある。そのかけがえのない今をきちんと残しておきたい。もしかしたらそれは、今後の彼らの人生をどこかで支えることになるかもしれない。夢見ることを忘れかけたとき、いま感じている情熱を少しでも思い出せるように、演劇という形で彼らの心に刻み込んでおきたい。

私は、彼らが高校を出て一〇年後、つまり二八歳になった五人を主人公として台本作りに取りかかった。その舞台は、理想と現実の中で挫折しかかった「紺野周平」のこんな台詞から始まる。

――くだらない？　そうさ、くだらないさ。だからどうだって言うんだ。俺たちもう一七、八のガキじゃないんだぜ。高校時代の仲間が今さら集まってどうするんだ。昔話はもう飽き飽きさ。

❐――あの知康が見事なダンス！

地区大会に向けての脚本がようやく出来上がった、九月初めの土曜の午後のことだ。

冒頭のシーンは派手にダンスから始めようと決めたものの、なかなか振り付けが決まらない。こんなとき、いつもリーダーシップを発揮して皆に指示する隆史も、今度ばかりは座り込んでしまった。皆でプロのビデオを見ながら真似をしてみるが、長く踊ることは難しいらしい。

「やっぱり無理かなあ」

「短くなら出来るけど、曲全部の振り付けは俺たちには無理だよ」

「でも、ここは若い君たちが考えてくれないとね」

「あーあ、カッコよくダンスから入りたいけどな。悔しいよなあ」

曲を流しながら皆が座り込んだとき、いつも後ろで黙っている知康が、「ちょっと曲をかけてもらっていいですか」と言いながら立ち上がった。びっくりしている皆にかまうことなく、知康が突然、踊り始めた。その動きのなんとスマートでリズミカルなことか。机を片側に押し付けた教室の狭い空間で、あの知康が手足を自在に動かして踊る姿に、誰もがただもう見とれてしまった。

「まるで劇外劇だな」

ぽかんとしている私の耳元で、五條先生が囁《ささや》いた。ドラマよりもはるかにドラマチックな展開！

圧倒されて言葉を失っている私たちに、踊り終わった知康が、いつもの控えめな口調で言った。

「こういう振り付けではどうでしょうか？」

「どうして？　どうして知康、そんなに踊れるの？」

「まさか、まさか！　知康、すごいやん」

大騒ぎする友人たちに向かって、彼は落ち着いた口調で答えた。

「すごくなんてないですよ。僕一年近く家でいたでしょう。だからテレビの前でよく踊っていたんです」

「それなら今から知康がダンスの先生。俺たち真似するから、どんどん踊って見せて」

沈滞していた教室がにわかに活気づき、彼らはいつものようにふざけ合いながら賑やかに練習を始めた。といっても、〝いつも〟とはまったく違う。皆の後ろで穏やかに黙っていたため、常にかばわれるばかりだった知康が、今度はなんとリーダー役。

「もう一度やってみて。いや、そうじゃなくて、こんなふうに動いてみて」

これまでの控え目な表情が消えて、毅然とした態度で、実にテキパキと指示を出す。

「人間なんて判らないものだよねえ」

私は何度も同じ言葉をくり返しながら、初めて舞台に立ったときの知康の姿を思い出していた。

❑──劇を上まわる現実のドラマ

──傷つくことを恐れ、家に閉じこもったものの、家にいることはもっと地獄でした。

でも中学三年のとき、ひとりの先生の言葉が僕に勇気を与えてくれました。

「かけがえのないこの今を精いっぱい生きてみて！　自分から逃げないでたたかって」

　僕は思い切って、学校に戻ろうと決心しました。

原稿用紙を持つ手の震えが客席からも見える。息詰まるような緊張の中で、自分の体験を書いた作文をゆっくり読み始めた──

そんな知康が、今年は挫折しかかった仲間を励まし、勇気づける中心人物として舞台に立つ。

そして今年もまた、彼自身の本当の心のうちを長い台詞に託して語りかける。今度は激しく堂々と、ときには大人っぽく諭すような雰囲気さえ漂わせて。

――紺野くん、覚えていますか？　高校二年の演劇大会のときのこと。僕がようやく作文を読み終えたとき、幕の後ろの狭い空間で、紺野くん、僕の手を握って、「ありがとう、本当にありがとう」って小さな声で言ってくれましたよね。僕がそのとき、どんな気持でその言葉を聞いたか、紺野くんには判っていたはずです。僕はそのとき、紺野くんのように優しく強い人間になりたい、そう努力していこうと決意したんです――

その台詞通り、知康は静かだけど、温かい目をして生きている。ときには包容力さえ感じさせて、皆を驚かすことしきりだ。

まったく人間なんてどう変わるか判らない。彼らと共に熱中して過ごした九月から一一月までの三カ月間、私は何度そうつぶやいたことだろう。彼らと共にひとつの劇を創りながら、その劇をはるかに上まわるドラマを見せてもらった気がしてならない。

❐――静まり返る会場に流れた審査結果

一〇月、一一月は、推薦入試と演劇大会の準備を同時進行させながら、綱渡りのような日々を過ごしていた。放課後、それぞれ数学や論文の課外や面接指導を受けてから集まるので、練習が終わるのはどうしても一〇時近くなる。一年前あれほど練習を嫌がっていたのに、今はとにかくいいものを創りたいと、彼らの方がこだわってくる。誰もが身体はくたくただったが、充実していた。そしてあっという間に本番当日がやってきた。

わが校が発表する直前の会場には、一年前と同じようにクラスのほとんどのメンバーが中央の前三列を陣取っている。その周辺には、アドバイスしたり、手伝ってくれた先輩たちの顔が並ぶ。ちょっと離れたところから手を振っているのは、折に触れて彼らに声をかけてくれた先生たちだ。

「竹島先生!」という声に振り返ると、知康の中学時代の恩師が今年も来てくれている。

舞台の上では昨年とうって変わって、私の指示などなくとも、それぞれテキパキと最後の打ち合わせを行っていた。舞台の袖から、私は遠慮がちに囁いた。

「先生や先輩や友達がいっぱい来てくれているから、頑張ってよ」

「まかせとかんかい! 今年も県大会に連れていくよ。先生」

忙しく道具を運び入れながら、何人もが力強い言葉を口にした。

やがて幕が上がると、会場に響き渡る音楽に合わせて、彼らが歌いながら生き生きと踊り始めた。会場からはきわめて自然に「おー!」という歓声と拍手が巻き起こる。その瞬間、周囲からクラスメイトたちの嬉しそうな視線がとんできた。私も、「よし! これなら大丈夫!」と目で合図した。

　それから数時間後、彼らが熱演したその壇上に、福岡県筑後地区の高校二一校の代表が並び、皆こわばった表情で審査員の発表を待っていた。

「ただ今より今年度の高校演劇大会筑後地区優秀校の発表をいたします」

　静まり返った会場にアナウンスが流れ、緊張はいよいよ極限に達した。

　一年生のとき「やめる」と言ったまま、二カ月も学校から姿を消した周平が、わが校の代表として壇上の椅子に座り、精いっぱい平静を装っている。

　会場では、私の隣で、謹慎二回という遊び人敦也が、うつむいたまま手を堅く握り合わせている。その後ろで、かつてバイクだけが生き甲斐だったという隆史が、一八七センチという長身を折り曲げるようにして下を向いている。その隆史たちにいじめられていた行徳も、中学時代半分も学校に行けなかったという知康も、皆一様に目を閉じて発表を待つ。裏方をした女の子たちはもう赤い目をして泣いている。彼らがこんなに一生懸命、何かを念じ続けたことがあっただろうかと思うと、なんとしても入賞したいと、私も心の中で祈り続けた。

　やがて審査員が中央マイクの前に立ち、折りたたまれた紙をおもむろに拡げる。その紙の音がマイクを通して会場に響くと、「ふう…」というため息がそここからもれてきた。その静寂の中、審査員の口から、わが校の名前がゆっくり読み上げられたとき、「おー!」という歓声を挙げて、彼らは立ち上がった。

□――神様からのプレゼント

卒業も間近になった一月二一日、体育系の国立大学に合格した剛や、希望通りの大学や看護学校に合格している隆史や知康、敦也、行徳に続いて、周平までが、まさかの合格を獲得した。

県内の大学を選んだ他のクラスメイトや、関東の言語療法士の専門学校を希望した女子生徒たちもが、次々と合格していく中で、遅い受験の周平はプレッシャーとたたかいながら、ひとり論文を書き続けていた。ほとんどの生徒が無理と思われた進学先を獲得していただけに、困難な道を選んだ周平は、平静を装いながらも苦しんでいた。

クラスメイトたちもそんな周平の気持を考えて、周平が合格するまではと、静かに待機していた。だから、合格の知らせが入ったその日の教室は大騒ぎだった。誰もが遠慮することなく〝ミラクル三年六組〟と叫びながら喜び合っている。わずか半年前、大学進学など夢のまた夢と諦めかけていたというのに、まるで奇跡のような神様からのプレゼント。

これも彼らが、ただ前だけを見つめて立ち向かっていった成果といっていいだろう。何事も諦めないでやってみるものだ。人の人生なんてどう変わるか判らない。「卒業まであと○日」と書かれた黒板の数字がどんどん少なくなっていくのを淋しく思いながら、私は彼らと過ごした日々を思い出していた。

この二年間、夢に向かって走り続ける彼らの傍らで、私が求め続けたものは果たして何だったのか。もちろん〝県大会出場〟を目標として、あるいは〝大学進学〟を目指して共に生活してきたけれど、私がこの手につかみたいと思ったものは、そんな結果などではない。しいて言うなら、教員だの生徒だのの枠を越えて、心が触れ合うときの充足感。彼らは知らず知らずのうちに、その幸せを私にもたらし、卒業していこうとしている。

あと数日で卒業というある日、剛と隆史から言われた。

「先生、俺たちがいなくなっても大丈夫ね?」

「冗談じゃない。やっとせいせいする」

そう笑いとばしながら、無性に胸がジンとした。

卒業式前日の夜、突然、正直から電話があった。いつものようにぞんざいな口調で、「就職先に挨拶に行ったら、ちょっとしたことで文句を言われた。かっとしたけど我慢した」とか、「卒業式で泣いちゃいかんばい。化粧はげるけんね」などとひとしきり喋った後、今までにない改まった口調で付け加えた。

「先生、最後の最後まで心配かけました。本当にありがとうございました。ほんじゃあ、また明日ね」

ガキのくせになんと心憎い演出! 何か言おうとしたら、ガチャンと、電話を切られてしまった。

そして卒業式当日、彼らは「卒業生退場！」という声と共に立ち上がり、担任席に座る私に向かって一斉に手を振った。そのあっけらかんとした晴れやかな笑顔といったら！

□――何としてもチョウになれ！

振り返ってみれば担任した二年間、私は彼らを何度も怒りはしたが弱気になったり、立ち止まったりした記憶はない。「演劇大会にうちのクラスを使う」と周りの先生に宣言したときも、「彼らの希望通りに進路を獲得させたい」と、進路部長に相談したときも、ためらいはなかった。

いま考えれば、どうしてそこまで彼らの可能性を信じることが出来たのか、不思議にさえ思う。けれどそれはやはり、彼らが体の奥に秘めていた「違う自分になりたい」という強い思いに心惹《ひ》かれていたからだろう。見えざるエネルギーに背中を押されるようにして、私はこの二年間を彼らと共に歩いてきた。

思えば、「ないに等しい偏差値など、何のあてになるものか」と自分の夢だけを頼りに進路を獲得していった彼らは、実に痛快な若者たちだ。しかも、進学のために高校三年間を犠牲にするなどという悲しい青春を送ることなく、自分の夢に近づこうとしている彼らは、なんと幸せな青年たちであることか！　あるいはまた、自分の現状を安易に受け入れ、自己満足にひたる若者が多い中、その錯覚すら抱くことができなかった彼らは、むしろ幸せだ。

もちろん、いくら楽観的といっても、今後、彼らが自分の現状に満足して生きていけるほど、現実は悠長なものではないだろう。より大きな壁が、彼らの行く手を妨害してくるに違いない。けれど自己満足をする余裕のない彼らの未熟さや不完全さは、むしろ大きな財産だ。青春とは、現実に甘んじたり妥協することなく、自己否定をくり返しながら、自分を変革していく精神をいうのだから。

いみじくも隆史は卒業文集に、

〈かつてイモムシだった俺は、この三年でようやくサナギに変身した。もし演劇に出会うことがなかったら、きっと俺はイモムシのまま害虫に食われていただろう〉と書いた。

確かに、隆史は頼もしい青年へと成長しつつある。隆史だけでなく、多くのクラスメイトたちが自己否定の繰り返しの中で、徐々に幅のある人間性を獲得しつつあるようだ。けれどもサナギはしょせんサナギに過ぎない。たとえどんなに時間がかかろうと、何としてもチョウになれ。チョウになって、もっと自由に、もっと伸びやかに飛び回れ！

三年の時を経て――

□――卒業後の彼らを支えたもの

あの愛すべき三年六組のメンバーが卒業して、三年近くの時が流れた。予想していたこととはいえ、それぞれにとって、この三年はかなり困難な時間でもあったようだ。

短大に進学したものの英語が解らず、悩みながら学校にやってきた生徒。言語療法士になるため、東京の専門学校に行ったが、ついていけず、その苦しみを電話で打ち明けてきた生徒。レポートをどう仕上げていいのか判らず、教えてくれと駆け込んできた生徒。そのつど、何人かの先生たちがあれこれ指導してくれ、なんとか切り抜けてきた。けれど、どの生徒もが一様に口にしたのは、「先生、学校やめんけん。やめたらみんなに会えんもんね」という言葉。それが何より心強い。「前向きに頑張ってないと、クラスメイトに恥ずかしい」という思いを抱いてさえいれば、何があっても大丈夫だと、私は信じている。

特に看護士という一番厳しい選択をした行徳は、どれだけ友人に助けられたことか。名古屋という慣れない土地で、昼は老人の世話をして、夜は看護学校で勉強するという生活は、さぞかし心細いものだとは思う。けれど「やめたい」と弱音を吐くたびに、東京の周平も、福岡の隆史も、鹿児島の剛も、そして短大に行った女子生徒たちも、まるで打ち合わせでもしたかのように、「もし途中でやめたら、帰ってきても誰も会わんから」と突き放しながら、彼を励まし続けてきた。おそらく教員だけの力で挫折する心を押し止めることは、到底困難だったに違いない。たとえ茶髪であれ、たとえ遊びすぎて単位を落としていようと、彼らはこの三年で確実に成長している。

❐――演劇部の顧問は江口先輩？

中でも身長一八七センチ、スポーツ万能で、卒業のとき文集に「もし演劇に出会うことがなかったら、きっと俺はかつてのイモムシのまま害虫に食われていただろう」と書いた江口隆史は、今や私にとって卒業生というよりも、同志的な存在だ。昨年からずっと、大学の講義が終わると急いで学校にやってきて、後輩たちを指導してくれている。ここまで成長してきたクラブを私にまかせているのが不安だったらしい。

卒業後、筑後地区のアマチュア劇団に所属し、さまざまな方法論を学んでいるだけに、その指導は理論的でかなり厳しい。だから放課後になると、練習会場に現れる隆史を、後輩たちは〝江口先輩〟と呼んで恐れている。いつの間にか、まるで江口が顧問で、私が雑用係といったところ。

別に私が頼んだわけではない。顧問の私がいい加減なので、「俺たちが帰ってくる場所をつぶさんでよ」という友人たちの声に、リーダー格の江口が責任を感じて面倒を見る気になったという。

現役部員のみならず、私もまた、江口先輩に頼りっきりだ。江口たちのクラスを卒業させた後、私は再び普通コース一年生の担任をすることになったが、その中から三人を無理矢理入部させ、彼に預けた。江口たちのクラスと違って、体育奨学生の多い新しいクラスは張り合いのないほど落ち着いた穏やかなクラスで、「また鍛えてやるぞ」と構えていた私は拍子抜けしてしまった。

それでもその三人は最初から気になっていた。中学時代かなりいい加減な生活をしていた男子生徒、いつも笑顔なのに自分に対して強い劣等感を抱いている女子生徒、教室ではほとんど笑わず黙って座っている男子生徒。江口のクラスを担任したときと同じように、気にかかる生徒をまず入部させ、「先輩、この子たちに自信をつけてやってよ」と江口に押し付けたのだ。

私のクラス以外の部員も合わせると、総勢一二人という大所帯を、彼は大学生活と両立させながら、誠実に鍛え続けてくれた。演劇部の指導を江口にまかせた無責任な私は、三年間持ち上がりのクラスで担任作業に勤しみながら、江口の補佐に徹してきた。そして気がつけば、思いつきのように誕生した新生演劇部も、江口の努力によって、いつの間にか県大会出場常連校として知られるまでに成長していた。

こうして校内でも評価されるようになった演劇部は、二年前から雨天体育館という広い空間で練習している。かつて江口たちと狭い教室で練習していたことを考えると、信じられないほどの変化だ。しかも練習会場が確定したことで、大会前になると、さまざまな人が来て応援してくれる。相変わらず夜遅くまで練習している部員たちにとって、わが校の先生たちや母親たちからの差し入れは何よりありがたい。それに大会前になると駆けつけて来る演劇部の先輩たちの存在は、部員たちにとってどれだけ刺激になることか。

またジュースやお菓子を持って応援に来るのは、何も演劇部の先輩に限らない。江口のクラスメイトや特進コースの卒業生など、現役部員が顔を覚えられないと嘆くほど、多くの青年たちが顔を見せてくれる。そのたびに江口が、「今から一ぺん通すから、厳しく批評してやってくれますか」というものだから、部員たちは緊張の連続だ。しかし、そうした多くの人の真剣な視線が、彼らを知らず知らずのうちに育ててくれているのは確かなことだ。

❐——古川夫妻との出会い

振り返ってみれば、私たちは演劇を通して多くの人と出会い、その熱意に支えられて活動してきた。中でも、江口が卒業した頃から始まった古川夫妻との付き合いは、私たちにひとつの方向性を指し示してくれたように思う。演劇を通して、この夫妻の人生にかかわることになった江口たちは、ふたりの言葉から演劇をする意味と喜びを教えられたと言っても過言ではない。公演が近づくと、両手いっぱいの差し入れを持って応援に来てくれるふたりの姿は、彼らにどれほどの勇気と決意を与え続けたことだろう。

「君たちのおかげで、私たちはあの苦しみから這い上がることが出来た。心から感謝しています」ことあるごとにそう言う夫妻の言葉は、むしろ江口たちを支えてくれていたように思う。その出会いは、生徒たちが演じやすいように、生徒たちの生活を脚本化してきた私のあり方にも大きな変化をもたらした。何かに行き詰まるたびに、私は仏壇の前で聞いた夫妻の言葉を思い出す。

江口が卒業した年の夏のことだ。あの日、私は、思い切って山間にある古川家を訪ねることにした。前年、高校二年の次男を交通事故で亡くした夫妻にかつてお世話になった私は、通夜のときの悄然《しょうぜん》としたふたりの姿が忘れられず、どうしても一度ゆっくり会いたくて電話をしてみたのだ。「来てやってください」と言われたものの、受話器を通した声の暗さに思わずたじろいでしまった。一年の時の流れの中で、せっかく落ち着いた心を掻《か》き乱すことになりはしないか…、不安な気持ちで私はチャイムを押した。

やはりふたりは通夜の夜と変わらぬ、生気のない表情で静かに迎え入れてくれ、仏壇の傍らに座って深々と頭を下げた。

「時間が悲しみを和らげてくれるなんて嘘です。一年経ってよけい苦しくなった。情けないんですが、まだ私たち、生きていける気がしないんです」

通夜の席ではもちろん、それから一カ月して訪ねたときも口を開こうとしなかった奥さんが堰《せき》を切ったように話し始めた。

「私、恐いんです。あの子が生きていたことが忘れられてしまうように思えて、たまらないんです。たった一七年にせよ、あの子は精いっぱい生きていたんですから。あの子が生きていたことを誰よりも知っている私は、死ぬまで心の中のあの子と生きていきます。でも時間が経つにしたがって、あの子が生きていた証がどんどん消えていく。どうすればあの子が一生懸命生きていたことをこの世に残してやれるのか…。あの子はいなくなってしまったのですから、私たちに思い出が増えることはありません。私たちはもう思い出を何度も何度もたどるしかないんです」

二時間後、私は帰りの車の中にいた。カーブの多い山道をゆっくり走りながら、母親の涙に何か応えることは出来ないかと考え続けていた。そして不意に私は、「脚本を書いてみよう。書くことで舞台の上にその子を再生させたい」、そう思ったのだ。

❐――芝居は誰のためにやるのか

それから三週間、何度途中で止めようと思ったことか。あの夫妻の悲しみを思えば、同じ経験を共有しているわけでもない私に書くことは許されないのでは…、もしかしたら私は何か大きな過ちを犯しているのでは…。書きながらも、そうした恐怖は心から消えることはなかった。

しかしその一方で、生きている喜びを自ら放棄しているような多くの生徒たちに、あの母親の言葉を聞かせたいとの思いは強くなるばかりで、とにかく私はおよそ五五分にまとめていった。美大に行きたいという夢を抱いたまま逝《い》ってしまった青年の母親と、その青年の親友との長い会話を途中に入れる形で。

書き上がった台本を持って、私は再び古川夫妻の家を訪ねた。許可されなくても仕方がないと思いながらの、ずいぶん勇気のいる訪問だった。

「『季節はずれの小さな向日葵《ひまわり》のように』というタイトルにしました。読んでいただけますか?」

恐る恐るテーブルに置いた台本を前に、ふたりは異口同音に意外な言葉を口にした。

「申し訳ないんですが、台本は読めません。でも思うように公演してください。どんな形であれ、あの子が忘れられずにいるのなら、それだけで救いです。応援したいのですが、舞台を観るのは辛すぎて無理だと思います。あの子の写真の前で成功を祈っています」

そして一カ月半ほど経った一〇月の終わり、わが校は本番当日を迎えた。上演直前の会場で、背広姿の古川さんを見かけ、私は思わず駆け寄った。驚いたことに、その横には黄色いワンピース姿の奥さんが立っていた。向日葵の黄色…。

「ずっと迷っていたんです。そしたら今朝、閉じこもってないで早く出かけろよって怒るあの子の声が聞こえました。あの子に会うつもりでやって来ました」

その言葉を私は、楽屋で準備している部員たちに伝えた。騒然としていた楽屋に訪れた静寂の中で、誰かが「怖い…」とつぶやく。するとその声にかぶせるように、江口や他の先輩たちが決然として言った。

「うまく演じようなんて思うな。古川夫妻の気持に応えるには、ただひたすら誠実に舞台に立つしかない。必死の思いで見に来てくれたふたりに対して、お前たちも必死でやってくれればいい」

それから私たちはその脚本を、県大会、自主公演と二回上演する機会に恵まれたが、何より嬉しかったのは、古川夫妻の表情の変化だ。地区大会より県大会、県大会より自主公演と、回を重ねるごとに、ふたりは笑顔を見せてくれるようになった。

「皆さんが精いっぱいやっているのを見ていたら、悔やんでばかりいる自分が恥ずかしくなりました。このままでは死んだあの子に申し訳ない。これからは私たちに出来ることをやっていきたい。皆さんのおかげで、生きていく目標が見つかりました」

古川さんの言葉に、私たちは大きな衝撃を受けた。自分たちが充実したいから、あるいは自分を変化させたいから演劇をしていたのに、それが他の人の心を揺さぶるなんて。

江口たちと「自分のために芝居をしよう」を合い言葉に演劇を始めた頃、観ている人の存在を意識する余裕などなかったと思う。だから舞台の上に自分たち独自の世界を創造できれば、それだけで私たちは満足していた。観ている人がどう感じようと、私たちさえ納得できればいいと、傲慢にも思い込んでいた。

しかし古川さんの言葉は、私たちに新たな課題を提示してくれた。生きる目標を見つけたという古川夫妻は、同時に、私たちにも進むべき方向を教えてくれたように思う。演劇とは、演じるものと観るものとが共に創り出すものではないのか、私たちは観ている人に何を伝えるかということを意識して舞台を創るべきではないのか。

「自己満足するのは止めよう！」

その頃から江口はそうくり返しながら演出をするようになった。古川夫妻との出会いは、何より指導する江口に明確な意思をもたらしたと思う。

□——新しい指導者の誕生

教員という仕事の面白さを改めて教えてくれた江口たちを第一世代と位置づけるなら、江口たちと入れ替わりに担任した第二世代はほとんど手のかからない明るく真面目な生徒たちで、進路に関しても皆、確実に獲得していった。江口に鍛えられた演劇部の三人も希望通りの大学に合格した頃、彼らに学校から大きな依頼が飛び込んできた。プロの劇団を呼んで毎年実施している観劇会を、演劇部にまかせるというのだ。その年、九州大会は逃したものの、県大会で三位というところまで力をつけていた演劇部にとって、それは願ってもない話だった。

すべて江口にまかせると言った私に、彼らはとんでもない選択をしてきた。

「先生、つかこうへいの『熱海殺人事件』をやろう！」

「だって、そんな商業演劇をするなら、きちんとしたホールじゃないとできないし、お金もかかるし」

「そこを交渉するのが、先生の仕事でしょう」

そこまで言われると、私も動かざるを得ない。私は「演劇部に公演させれば、今年の観劇会の費用は安く済む」と考えていた学校側に、積極的に交渉を始めた。初めは難色を示していたが、結局、五〇万円程度なら出してもいいということで話がつき、公演は現実化することになった。

芝居などほとんど観たことがないというわが校の生徒たちが、果たして二時間を超える上演時間に耐えられるのか、そんな私の懸念などお構いなしに、彼らは着々と舞台を創っていった。

そして本番当日は、それまでの不安や苦労が吹き飛ぶほどの痛快さだった。舞台の上を自在に飛び跳ねる彼らに、会場から自然に「おー！」という歓声や拍手が起こる。公演後、クラスメイトたちからの花束を満面の笑顔で受け取る部員たちを見ながら、私は江口たちと演劇を始めた頃を思い出さずにはいられなかった。

公演終了後、「片づけが終わったらロビーに集まるように」と江口から部員たちに指示が出た。

静けさを取り戻したロビーに一二人の部員たちが並ぶ。江口はいつにない改まった口調で語りかけた。

「これからの演出は今の三年生の代にまかせる。後は先生のクラスの三人が中心になれ。ただ卒業後のことを考えると、進学先が一番近い梅野に部の指導を頼みたい」

二年後半からどんな役でもこなすようになった梅野を指名した。しかし、ふだんは入学時と同じように黙っているもの静かな梅野が引き受けるだろうか、私は半信半疑だった。すると、梅野は立ち上がり、部員たちに向かって言った。

「僕でよければやらせてください」

第二世代が卒業を間近に控えた冬、この代から新しい指導者が誕生した。

第Ⅲ章

邂逅

——一九九九年

——試すように現れた閉じこもり集団

ガラス細工のような少女

私に穏やかな三年間をプレゼントしてくれた第二世代が卒業して三週間ほど経ったある日、心療内科の先生から突然、電話がかかってきた。

「初めまして、前田と申します。先生は今度入学する一年生を担任されるそうですが、どうしてもお願いしたい生徒がいまして…」

突然の電話に驚きながら話を聞いてみると、中学二年から不登校に陥った女子生徒を担任して欲しいということだった。

「先生が不登校だった生徒を演劇部に入れて自信を取り戻させたという話を聞きまして、できればいま私が担当している少女を受け持って頂きたいんです」

江口と同じクラスで、突然、ダンスをして皆を驚かした知康の話が、前田医師に伝わっていたようだ。担当した少女を心から案じているらしいその人の穏やかな声に惹《ひ》かれて、「力になれるかどうか判りませんが、とにかく会ってみます」と返答した。

何日かして、その少女は母親に連れられて学校にやって来た。色白の優しい表情をしたその子は、不安そうに微笑みながら、「エリです。よろしくお願いします」と囁くように言った。

東京から転校してきたエリは、集団の中にいると不安でたまらなくなるらしく、周囲の人たちの視線が怖いと言う。いじめなどのはっきりした原因があったわけではないので、今後の対応はかなり困難だろうなと感じた。しかも前田先生から、「正直に言えば、学校に登校できる可能性のほうがはるかに低いと思われます」とも言われている。かなり負担ではあったが、母親の真剣な表情と、まるでガラス細工のようなエリの可愛さに私はつい、「一緒に生活していこうね」と答えた。しかし当然のことながら、ひとりの少女の心を解放することは、そう簡単なことではなかった。

予想通り入学式直後から、私は不安な眼をしたエリの対応に悩まされた。それでも一〇日間ほどは保健室で安定剤を飲みながら、なんとか教室に座り続けていたが、ほんの些細な言葉にさえ傷つくようで、再び登校拒否に陥りつつあった。周りの人が自分のことを批判しているように思えるらしい。被害妄想だと言ったところで、そう思い込んでいる少女を救えるはずもなく、どんな言葉がこの生徒の心を解放させることができるのか、効果的な手段が簡単に思いつかない。

それに、問題はこの生徒だけではない。緊張が弛《ゆる》んだ三八名の表情のあちらこちらに、今まで気がつかなかった根深い問題が見え隠れする。これだから一年生は面倒だと、私は早くも疲れ果てていた。

□——無気力な〝岩〟と〝クラゲ〟の集団

入学して一カ月、少し落ち着いてクラスを見渡せば三年ぶりの一年生だからか、幼く思えてならない。江口たち第一世代のように反発などしないので楽ではあるが、だからといって無邪気というわけではない。また皆おとなしく授業を受けるからといって、梅野たち第二世代のような温かさも穏やかさもない。全体的に活気が感じられず面白くないのだ。

しかも、そこここにやる気なさそうに蹲っている〝岩〟のような背中が見える。〝岩〟のままでいてくれるのならまだしも、やがて〝クラゲ〟のように机に張りついてしまうものさえいる。怒れば反抗することもなく、無気力に起き上がるだけだ。もちろん動いているものもいないわけではないが、それは身体のどこかを動かしていないと落ち着かないらしい男子生徒と、喋り続けないと落ち着かないもう一人の男子生徒だ。スポーツ奨学生として入ってきた三人の女子生徒と、野球部の生徒たちが爽やかな笑顔ではきはきと応じてくれることだけが唯一の救いだったのだから、やる気が起こるはずもなかった。

それでも担任として前に進むしかない。この一カ月「とにかく何でもいいから、新しいことにチャレンジしてごらん、一度しかない高校生活なんだから」と、淀《よど》んだ表情の生徒たちに向かってくり返してきた。今までなら演劇部の顧問として、まず目についた生徒に積極的に声をかけるところだが、今年はどう見ても舞台の上で光りそうな生徒が見つからない。大学に通いながら放課後、指導に来てくれている江口や梅野に、

「演劇部をつぶしてもらっちゃ困る。とにかく勧誘してくれなきゃ」と言われたが、「興味を感じる子がいないのよ」と、熱心になれずにいた。

「先生、忘れちゃ駄目だよ。僕たちのときも、次の代の梅野たちのときも、最初はそうだった。最初からやれそうな奴なんていないよ。とにかく声をかけてみてよ」

江口に怒られながら、

「自分を変えたいと思っている人は演劇部に入らない？」

と何度かくり返した。結果、演劇部に入部してきたのは三人。おとなしそうだが、真面目で誠実な表情の女子生徒がひとり、ゲームオタクと自他共に認める男子生徒がひとり、そしてなぜか他者に対しての不信感が強く、自分の不安をごまかすために動いていないと落ち着かないらしいアキフミ。

どう見ても戦力になるとは思えなかったが、とにかく演劇部も新しくスタートすることとなった。クラスの他のメンバーも少しずつ部活に入り始め、最初から部活で入学してきた一〇名のスポーツ強化クラブ生以外にも演劇部を入れて七、八名が放課後の居場所を確保したようだった。

だからといって、クラスに活気が感じられるようになったというわけではない。江口たちの代で、反抗的な目をした生徒の方がむしろ、何かをつかもうとするときには思いがけない力を発揮することを経験した私にとって、ただおとなしく座るだけの淀んだクラスの雰囲気は落ち着かず苛立ちだけが募った。

しかも入学した頃の緊張がほぐれたのか、休みがちな生徒が増えている。電話をしてみると、どの子も遊んでいるわけでもない。何となくきつくて起きることができなかったという。さぼりたくはないが、学校に行っても面白くないからと、電話口で力のない声を出す数名に、「面白いことが最初から転がっているわけないじゃないの」と、怒りをぶつけるようにして受話器を置くことが重なった。

特にいつ見ても、机に〝クラゲ〟のように体を横たえているテルヒサは、この一カ月ですでに七日ほど休んでいた。高校に入ることさえやっとだったというから、急に変化するはずはないとしても、いつやめてもいいんだからと、ふて腐れたように言うその表情は、私に、「どう頑張ってもこの子だけは好きになれない」という確信めいたものまで感じさせた。

❒――休み始めたエリを演劇部に

そんなときに、腫物に触るように気を遣ってきたエリがとうとう休み始めた。必死で耐えていた前日までのエリを思うと、私には「もう限界です」と宣言する彼女の声が聞こえる気がした。カウンセリングを受けながら通っていたのだから、一カ月近く休まなかったことの方が不思議なくらいだとさえ思う。ここでなんとかしないと、再び自分の殻に閉じこもってしまうに違いない。

心療内科の前田先生によると、学校に通える可能性の方が低いとのことだったが、やはりそう簡単ではないらしい。説得する言葉なんてそうそう見つかるはずもないし、どうすべきかと悩みながら部活に行くと、江口が指導に来ていた。

「びっくりするかもしれないけど、登校拒否の生徒を演劇部に勧誘してくれない？」

「いまさらびっくりなんかしませんよ。いま入っているメンバーにしても、かなり問題あるみたいですからね。アキフミが常に身体を動かすのも、もうひとりの男子生徒の身体が異常に固いのも、精神的なものでしょうから。そいつらとたいして変わらないんじゃないですか」

そうと決まれば早い方がいいからと電話をして、喫茶店に連れ出そうとしたが、今はとてもひとりで話ができる状況ではないという。「できれば先輩とご一緒に、家に来ていただけませんか」という母親の言葉に従って、家庭訪問をしてみることにした。

❒――心に響く同世代の説得

玄関には不安そうな表情をしながらも、なんとか笑顔をつくってエリが立っていた。見知らぬ先輩の存在に戸惑うエリに、江口は簡単に自己紹介をすると、単刀直入に本題に入っていった。

「君も本当は、何かしたいって心の中で求めてるだろう。僕も高校時代、先生に誘われたとき、最初は演劇なんてまったく興味なかった。遊びの方が忙しかったからね。バイク飛ばしてるときの快感だけが生きてるって実感できる唯一の時間だった。でもね、どこかで判ってたような気がするんだ。僕が本当に求めている充実感はこれとは違うものだろうって。だからとりあえず覗くだけと思って、参加してみた。そりゃあ最初のうちは後悔したよ。拘束されることが嫌だったし、練習なんて面倒だしね。それでもやめなかったのは、どこかで何かあるような予感がしたんだろうね。そしたらあったんだよ、その何かが。君も、今のままでいいなんて思ってないだろう？生きてるって実感を自分の手でつかみたいって思ってるだろう？　そう思わない人なんていないんだから。だったらとにかく動いてみろよ。騙《だま》されたと思ってやってみろよ。僕は自分があのときやってみなかったら、いったいどう生きてたかなって、時々不思議な気持になる。だって、自分でも知らなかった新しい自分に出会ったんだから。何が面白いって、違う自分を生きることほど、わくわくすることはないよ。明日から来いよ。待ってるぞ」

私はただ横で聞いているだけでよかった。後は初めて県大会にいったときの興奮や感動をふたりで勝手に喋り、裏方としての手伝いならしてもいいということだけは約束させた。

「演劇が無理なら文芸部もいいかもしれないね。書いてみるのも自分を変えるきっかけになるから」

帰り際、つけ加えるように言った「文芸部」という言葉に、エリはかなりはっきり反応した。元来、書くことが好きだったのだろう。

「明日、文芸部の先生に会わせるから学校にちゃんと来るわね」

と訊くと、初めの表情とは見違えるような笑顔で、

「はい」

と答えた。

「でもね、頑張らなくてもいいのよ。前田先生が言うように、休みたいときには休みなさい。また学校に来るのが苦しくなったら、このお兄さんに来てもらうから」

「いいですよ。僕が家庭訪問しましょう」

エリは本当に嬉しそうな顔をして微笑んだ。やはり同世代の言葉には影響力がある。

帰りの車の中で、私は改めて江口に感謝の意を述べた。

「ほんとありがとう。でもいつのまにか、とっても大人になっていたのね。こっちの方が助けられる側になっちゃうなんて」

「僕がしてもらったことを後輩にしてるだけ。ま、せいぜい利用してください。先生、いつも言ってたでしょう。利用し合えるくらい幸せな関係はないって」

確かに私は、アフターファイブだけが生きがいだという、やる気のない彼らに向かって、よく怒りながら言ったものだ。

「ぐずぐずしてないで、誰かにとって利用価値のある人間になるのよ」

しかし、こんなに早く彼らの世話になるなんて、思いもしなかった。年を重ねてからの時の流れは、何だかただ速さだけを実感せざるを得ないが、若い頃の時間はもっとゆっくりと濃密に流れているらしい。

「そのうち、演劇やらせましょうよ」

と自信ありげに江口は言ったが、そのときはむしろ私の方が消極的だった。

「でも、明日、学校に来るかどうかさえ判らないのに…」

ところが驚いたことに翌日、エリは遅刻もせずに登校し、不安げな表情をしながら職員室にやって来た。

「文芸部に入りたいんですけど」

まさかこんなに早くエリが反応すると思わなかった私は、内心、自分の迂闊《うかつ》な言葉を反省した。

❐――突き返されたエリの作文

文芸部顧問の山口文彦先生を、私は同じ国語科の同僚として信頼している。文章を書く力を育てる姿勢に共感するからだ。その指導の仕方は、若い先生には珍しいと思うほど妥協を嫌う。励ますというより徹底して自分の内面に向き合わせ、甘えを厳しく指摘していく。エリの状況は説明しているが、だからといって山口先生が指導法を変えるはずはない。それが彼独特の誠実さではあるが、今のエリはそんな厳しさに耐えられないだろう。もしかしたら逆に追いつめることになるかもしれないと、不安に思いながら紹介すると、案の定、彼はエリに問いかけた。

「本当に書く意思があるんですか？　いい加減な気持で言われても困ります。とにかく何か書いて来なさい。それから判断するから」

山口先生から渡された原稿用紙を手に、職員室から出て行くエリの心細げな背中を見ていると、私はますます不安になった。カウンセラーの前田先生も、「学校に行くだけでもやっとなのに、部活はまだ無理でしょう」と、リバウンドを心配して、母親に注意したそうだが、自分の意思で動き始めたエリによけいなことは言いたくなかった。そして私はできるだけ知らん顔をすることに決めた。

二週間後、ようやくエリが作文を書いてきた。タイトルは「出会い」だった。

> 「出会い」は人間が生きていく上で、誰もが経験することです。人に限らず動物やものでも何でも「出会い」と言えるのです。「出会い」の意味を辞書で引くと「巡り会い」「偶然知り合った最初」と書いてありました。（後略）

その作文に山口先生はこうコメントした。

「つまらん。この文章のどこに君はいるんですか?」

青ざめた表情のまま「書き直してきます」と出て行ったエリが気にはなったが、あえて何も言わず様子を見ることにした。夜遅く母親から沈んだ声で電話があった。

「帰って来てからずっと泣いていましたが、このままでは悔しいと言って二階に上がりました。ちょっと心配なんですが…」

「とにかく明日、休ませないでください。話してみますから」

母親にそう言ったものの、明日は家庭訪問になりそうだと覚悟した。そもそも私が言い出したこと、どうなろうと責任を取るしかない。

しかしその予想に反して、翌日、エリは書き直した作文を持って職員室にやって来た。タイトルも「友達」に変わっていた。

> 気がつくといつも一歩前を歩いている私がいる。隣には誰もいない。楽しそうに世間話をするなじみの「友達」という人がゆっくりと歩いて来ているだけのことだ。誰も気を遣って私の横に並んで歩いてくれはしない。私は「友達」にとってどんな存在なのだろう。(後略)

緊張した表情で待っているエリに、読み終えた山口先生は「まるで別人が書いたようだ。今回のはよく書けています」と褒《ほ》めてくれた。その瞬間、エリはかすかに微笑んだ。今まであまり体験したことのない厳しさだっただけに、よほど嬉しかったのだろう。その経験は確実にエリを鍛えてくれたようで、ゆっくりとではあるが文芸部員として文を書き始めた。また裏方として演劇部に入部したいと、自ら申し出てきた。

のちに、エリはこう述懐している。

〈あの時はただ悔しかった。一生懸命書いたものを突き返されたことで、自分が正面から否定されたように思えて。悲しいとか辛いというより、とにかく悔しくてこのまますませたくないという激しい感情だけが心を占めていました。落ち込む余裕がないほどでした〉

エリとの出会い――山口記

一一年前、西日本短期大学附属高等学校（通称・西短）に赴任した。教員生活二年目で、私立高校独特の雰囲気や、西短の特色も何もかもが判らぬままに仕事が始まった。

授業は特進（特進コースの略称）の古典が中心で、現代文は板書中心の授業を行っていた。指導書を読み、内容を判りやすく説明する授業だった。生徒はノートをきちんと整理しながら板書されたことを写し取っていくだけで、現代文の勉強をした気持になっていたのではないだろうか。その頃は、私もそれが現代文の授業だと思っていた。

何か部活を受け持つように言われたので、仕方なく文藝部を創ることにした。私自身、文章を真剣に書いていたので、その延長でできるかもしれないと考えたからだった。一期生の部員は八人（男子一人、女子七人）で始まった。全員が特進の一年生だ。生徒たちは詩やイラスト中心の文芸誌を作りたいと言ったが、私は「小説かエッセイのみ、イラストは表紙だけ。自分と向き合う文章でなければ認めません。遊びで書くのならやめてください、そんな文藝部ならないほうがましです」と言った。それでも一期生たちはそれなりに楽しんで小説を書いていた。少女マンガの原作のような作品が多かったが、どうにか『西短文藝』という雑誌を五号まで発行することができた。

一期生が三年になり、受験で忙しくて活動をしなくなったころ、二期生が入部してきた。特進の一年生が五人（男子一人、女子四人）と英語コースの女子が一人の六人だ。

入部希望者が来た場合、試験をすることにしている。文章を書かせて入部させるかどうかを見極める。ほとんどの入部希望者は課題を与えてもそれっきりで、書いてこない。書いてきても悪い部分を指摘して書き直しを命じると、そのまま書いてこなくなる。そのハードルをクリアした者のみが文藝部員となるので、活動を始めると、書くことに対しては意欲的な生徒が多かった。現代文の授業で書かせた作文を見てスカウトすることもあったが、それで入部する生徒はほとんどいなかった。

文藝部の目標は、年に一回の「『文の甲子園』優勝」だけで、その他は自由に文章を書いて、季刊誌の『西短文藝』を発行していた。個人作業なので部員全員が集まるのは批評会のときだけだった。

それまでの文藝部の成果は「文の甲子園」で二期生の女子が最終選考まで残ったことと、部員ではないが、演劇部の梅野のチームが一次選考を通過したことだ。いきなり全国大会のこの大会で入賞することは難しいことだった。

二期生は質の高いメンバーが集まっていた。小説を次々に書いてきては私を驚かせ、『西短文藝』も先輩の後を引き継いで八号まで発行したが、そのメンバーも卒業と共にいなくなり、休部状態の文藝部が放置され、私も暇をもてあましていた。

そんなとき、竹島先生がエリを連れてきた。エリの中学時代の状況や入学のいきさつは一通り竹島先生から聞いてはいた。そんな生徒が自分と向き合って文章など書けるはずがないと思った。だが本人が書きたいと言うのであれば書かせてみよう。

「まあ、書かせてみて、考えます」と竹島先生には返事をした。

エリは、色白でおとなしそうな女子生徒だった。か細い声で文藝部入部希望を私に伝えた。

原稿用紙を五枚渡し、できるだけ早く自分のことについて書いてくるように命じた。しかしエリは書いてこなかった。思った通りだった。

二週間が過ぎた。もう書いてこないだろうと思った。竹島先生にも、やはり無理なようだと言った。職員室におずおずと入って来たエリを見て、「やはり私には書けませんでした」という言葉を想像したが、意外にもエリは五枚の原稿用紙を私に提出した。タイトルは「出会い」。私が目を通している間、エリは縮こまった様子で横に立っている。文章は稚拙《ちせつ》で、小学生のようなできだったので、「つまらん」とひと言だけ言った。

「やる気があるのなら書き直してきなさい」と書き直しを命じた。エリは消えそうな声で「はい」とだけ答え、職員室を出て行った。その後姿を見ながら、このまま終わるだろうなと、経験的に考えていた。

翌日、驚いたことに原稿用紙を持って、エリが私の前に現れた。タイトルは「友達」に変わっている。一読してみると、文章も構成もまだ拙《つたな》かったが、昨日読んだ印象とは明らかに違う。一日でこうも変わるものなのかと首を傾げた。

「このくらい書ければいいでしょう。文藝部に入りますか?」とエリに訊ねた。エリはしばらく逡巡し、「はい」と小さく答えた。久しぶりに文藝部員の誕生だった。しかしエリには、今までの部員と違い、ゆっくりと自分のペースで書かせるしかないと思った。

次にエリが文章を書いたのは「文の甲子園」へ応募するときだった。三人で一チームを組んで参加するこの大会に、エリはクラスメイトの女子と共に参加の意思表示をした。エリが選んだタイトルは「最高の贈り物」で、人生を見失ってしまいそうになった妹を思いやる兄の心情を綴った作文だった。面白い題材ではなかったが、今のエリにはこのまま書かせるしかない。エリと話し合い、文章の手直しをくり返して応募した。当たり前のことだが、予選通過さえしなかった。まだ卒業まであと二回チャンスはあると思っていたが、この後、エリは文章を書かなくなった。

ある日、エリが私の所へ来て、「演劇部に入ったので文藝部を休部させて欲しい、ふたつのことを同時にやる自信がない」と言った。残念だったが、「判りました」と言っただけでエリと別れた。

これでまた文藝部は休部状態だなと漠然と思っていた。

❐――自分の居場所が見つからない…

六月に入ると、クラス内の人間関係も落ち着き、運動部を中心として、少しは明るいクラスになってきたが、〝岩〟や〝クラゲ〟が減ったわけではない。テルヒサを先頭に二〇日程度の欠席者が三人いるし、前をじっと見つめることができない閉じこもり集団が一〇人近くいる。

江口たちの後に持ったクラスのおとなしさにも最初は違和感を覚えたが、これほどではなかったし、自分の居場所を見つけるのもこんなに遅くはなかったと思う。江口たちと出会って六年、いったい何が違ってきたのだろう。遊びたいから学校が嫌いだというのでもなく、誰かに、あるいは何かに反発しているわけでもない。面談をすると、何もやりたいことがないと言う。何かしたいとは思うが、何をしたいのか自分でも判らない、だから自分は嫌いだと多くの生徒がぼそぼそとつぶやくのを聞きながら、私はどうしても理解できなかった。

「そう思うなら何かしてみればいい。演劇でもいいし、スポーツでもいいし、何でもいいから」

「きついから…」

「そうやってただ息をしてるだけって感じで生きる方がずっときついでしょう?」

私はいったい何人とこの会話をくり返してきたことだろう。確かにわが校は問題児といわれる生徒もあえて入学させている。かつては授業中も騒ぐ相当なワルがいた。しかし今は騒ぐよりもとにかく寝たがる。学校に来ても寝るだけなら来なければいいのにと思うが、何をしたいわけでもないから、とりあえず学校しか来るところはない。この依存の生き方をどう打ち崩していけばいいのか。おもしろくないにしても、これはもう本気で何人かをすくい上げるしかない、演劇部の人数を増やして舞台の上で思い切り声を出させよう。そしてその生徒たちを中心にして、少しでも動きをつくっていこう。そこで私は、以前から気になっていた数人に声をかけた。

□――怒鳴られ鍛えられる部員たち

結局、夏休み前に一応演劇部に入ったのが三人。父が中国人で、小学生のとき、中国から日本に帰って来ていじめを体験したらしく、いまなお周囲に対して憎しみを抱いている表情のユキ。詳しくは話そうとしないが、心の奥に何か根深い問題を抱えているらしい女子生徒。そしてなんとか学校に来ているエリ。早くから入部している三人と併せて、この六人に、思い切り声を出す快感から教えてやってよと、江口に頼んだ。すると江口は、

「いつものフザケンジャナイヨ、バカヤロウを毎日叫ばしてやりますか」

と笑った。驚いたことに最初に入部した三人を、江口や梅野が所属する大学生たちで運営しているアマチュア劇団の夏公演に使うと言う。無理じゃないのかと言うと、

「何でも経験させるのが一番早いですよ。でも間違いなく泣かされるでしょうね」とさらりと言った。

そして夏休み直前、差し入れを持って大学生たちに挨拶に行くと、江口の言った通り、アキフミが棒立ちで怒鳴られている。

「やりますって言ったのは自分だろ? ならちゃんとやってもらわないと困る。どうしてそんなに中途半端なんだ。いい加減にしろ! 自分の足で立つ決意をしろ!」

「……」

「どうして体を不必要に動かすんだ。そうやって自分を甘やかしてどうするんだ」

次々に浴びせられる言葉はアキフミの問題点を的確にとらえているだけに、彼の心はきっとズタズタに引き裂かれていたに違いない。立ち直れるだろうかと、いささか心配ではあったが、これもまた同世代だからできることだと思い、大学生たちにすべてまかせてみようと決意した。

次の日、アキフミに「辞めたっていいんだよ」と言ってみた。大学生たちに言われたのか、目や手が動かないように身体に力を入れて決然として答えた。

「絶対やります。どんなに辛くても、あそこではちゃんと一人の人間として認めて指摘してくれるから、ひどいことを言われても納得してます」

一緒に参加しているふたりの部員も怒られながらも、必死でついていっているようだ。もしかしたら何か変化があるかもしれないと思っていると、作文を持ってきたエリが山口先生から言われている。

「自分が不登校だったことを自慢してもらっても困る。いい加減そこから離れて書いてください」

まだそこまで言わないでよ、と私も思わず叫びそうになったが、これもまた経験だろう。本当は私が言わなくてはいけないことなのだから、エリも鍛えてもらえばいい。ユキたちも羞かしがりながらも、少しずつ声を出している。周りの人たちのおかげで何かが動きつつあるのかも知れない。そして彼らの変化がクラスにも何らかの影響を与えているのではないかと、私は少し期待しながら、夏休み前の三者面談に臨んだ。

❐──生徒はまだ何も変わっていない…

しかし時間をかけて彼らとじっくり話してみると、少しは変化しているはずだと期待もしていただけに、失望も大きかった。ほとんどの生徒が入学当初と同じことを口にする。

「毎日が同じことのくり返しで退屈だ」

「そりゃあ、何もしないなら面白いはずないよ。何かやってみればいいじゃないの」

「何かって、何していいか判らない」

「何でもいいのよ。とりあえず何かやってみれば、そのうち自分のしたいことも見つかるかもしれない」

「何していいか判らないし、きついからやっぱりこのままでいい」

この一学期間、私はいったい何をしてきたのだろう。徒労感に打ちのめされそうだった。ただかつてとほんの少し変わったとすれば、何人もの生徒が、毎日厳しい練習を義務づけられている強化クラブ生を羨ましいと言い始めたことだ。

「毎日しんどそうだけど、とにかくやることがはっきりして生きているから羨ましい」

たとえ相変わらず躊っているとしても、誰もがそろそろ何かしたいと考え始めているということだけは確かなことのようだ。演劇部のメンバーもたどたどしくではあるが、江口とその後継者である梅野の指導の下で少しずつ動き始めている。まあ二学期から本気になって彼らに働きかけてみるかと、自分に言い聞かせた。

❐――彼らの現実をそのまま脚本に

夏休みが終わった二学期の教室では、大学生たちに鍛えられて夏の公演を無事終えた三人が笑顔で他の部員たちに報告していた。とにかく先輩たちは厳しくて毎日辛かったらしいが、何より怖かったことは、自分に課せられた責任の重さだったという。これだけ先輩たちが必死で創っている舞台を、たとえ脇役でも自分が壊すわけにはいかない。そう思うと、本番前は心臓が飛び出そうだったと、口々に言った。だが何より辛かったのは、打ち上げが終わって先輩たちと別れるときだったらしい。

「先輩の乗った車が反対方向に曲がって行くのを見ていたら、何だか胸に大きな穴があいたような淋しさに襲われて、涙が出てしまいました。僕、あんな気持初めてでした」

アキフミがしみじみ言うと、一緒に参加したふたりも横でうなずいた。まったく知らない先輩たちの中で、心細い思いをしながらも共に創り上げていく喜びを実感したのだろう。自分をギリギリまで追い詰めた経験は、三人にかなりな影響を与えたようだ。特にアキフミの成長には驚いた。夏休み前まで常に身体を動かしていた彼が、落ち着いた表情で座っている。クラスの中からも「変わった」「大人になった」という声が相次いだ。

以前より自信をつけて明るくなった三人を、他の部員たちは羨ましそうに見ている。三人が感じた心のときめきを、他の生徒たちに経験させるためにも、本格的に地区大会の準備を始めるかと、私もようやく動き始めることにした。

「やっとその気になりましたか」

江口や梅野に言われ、三人で脚本の選定に取りかかったが、彼らにできそうな本は思いつかない。とにかく真面目だが、それぞれに強い個性がなく、人を楽しませるだけの余裕のない彼らにやはり既成の脚本は困難だろう。

「先生、ここはどうしても書くしかないでしょう」

そう言われたが、正直言って今までのように、このメンバーにはこんなのをやってみようという方向性さえ決まらない。

「そもそもが演劇をやるなんて、無理なメンバーなのよ」

「先生、逃げちゃダメですよ。だって三人は夏の公演をきちんとやり遂げたんですよ」

そう言われれば、もう何も言えなくなる。思いつかないまま半分自棄で宣言した。

「もう面倒だから今年は原点に戻って、彼らの現実をそのまま本にしてみよう」

つまり登校拒否だったり、ゲームオタクだったり、何かしたいけれど何をしていいか判らなかったり、友達と本音で話してみたいけど、表面でしか話せないという彼らの現実をそのまま脚本にしてみるのだ。今までのように見ている人を笑わせ、楽しませようとすることは諦めて、彼らに大きな声を出すこと、思い切り身体を動かすことの快感を味わわせることにその目的を置こう。県大会を目指してやるなどという欲を持たず、今年は彼らに自信を持たせ、心を解放することを目標にしようと割り切った。

❒――これじゃあ芝居はできない

それからは部員たちにとって、うんざりするようなたたかいの日々だったに違いない。声が出ていないと怒鳴られ、もっと体を動かせと、やり直しを命じられる。一生懸命練習しているにもかかわらず、ただ怒られる部員たちも大変だが、思うように成長しない彼らを粘り強く指導する先輩たちも疲れ果てていた。特に江口の代わりに今回初めて演出を担当する梅野の悩みは大きかった。

「何がこんなに違うんでしょうね。僕たちは放課後、ここに来ると、とにかく楽しかったけど、あいつら楽しそうじゃないでしょう。何かそれぞれ遠慮し合ってて横のつながりがない。だから休憩時間もたった一〇人くらいなのに、ばらばらにいる。でもだからって、仲悪いわけではない。しかもやめたいって言いだす者もいない。

「あいつら、友達と本気でつき合ったことないんじゃないかな。だから他人に思い切り触れないだろ。それじゃあ芝居は出来ないものね。どうしたらあの分厚い心の壁を打ち破れるのかな」

先輩たちも部員たちも息苦しい思いを抱き合いながら、とにかく大会に向けて練習は続いた。

裏方として入部したはずのエリも、自分の体験が元になった脚本なので、脇役としてキャスト入りした。先輩たちからの遠慮のない怒声を浴びながらも、声を出そうと必死についてきている。前田先生からは、「文芸部ならまだしも、演劇なんて…」と言われたが、母親の、「やらせないで後悔するより、たとえ逆戻りしてもやらせて欲しい」という言葉に励まされて、あえてエリには声をかけず、続けさせた。

ただこの頃、クラスの中から無理矢理ひとりの生徒を入部させたのだが、それが部に大きな動きをもたらした。私が「どう頑張ってもこの子だけは好きになれない」と思ったあのクラゲのテルヒサだ。相変わらずクラゲのまま、何となく教室にいる生活にたいした変化があったわけではないが、あるとき、掃除を黙々としている彼の意外な姿に、私は不思議な可能性を感じた。腰を屈め、コーナーのゴミも丁寧に箒で掃いていく。後ろから、「きちんと箒を使うのね」と声をかけると、テルヒサは振り向きもせず、「汚いのは嫌いだから」とつぶやいただけだった。彼なら舞台中央に立たせる大きなドングリの木を作れるかもしれない。

■――嬉しい応援団たち

翌日のホームルームで、私は突然のように宣言した。

「実は昨日、素敵な男性を発見しました。とっても魅力的なので、その彼を今日から演劇部に入れることにしました。まだ彼には何も言ってないのですが、もう私は決めたので、指された人は断らないでください」

あちこちで男子生徒たちが騒ぎ出す。「やっぱ俺やろ」と自分を指さすひょうきんな野球部員たちに、「違う、違う」と手を振りながら、私は後ろの席で机に顔を伏せているテルヒサを指さした。

「えー！　なんで？」という声が上がる。その騒ぎに、思わず前を向いたテルヒサを指さしたまま、私は言った。

「君です！　テルヒサです。君は今日から演劇部です。君の力が必要です。必要とされているときには、男は断るべきではない！　今日から雨天体育館に来てください」

何のことか判らないテルヒサに皆が、「可哀想か！」と同情する。その声を打ち消すように、私は叫んだ。

「テルヒサ、助けてくれるでしょ？」

周囲の友人に何の話かと訊こうとしていたテルヒサは、あまりの不意打ちに何も判らないまま、「え？　はい」とうなずいてしまった。そして私は「テルヒサ、はめられた！」と笑い合う声に背中を向け、さっさと教室を出た。

帰りのホームルームが終わって、私は、「とにかく先輩の話を聞いてみて」と、今度は彼にお願いした。もちろんすんなり入部するとは言わなかったが、「人手が必要だから、助けてくれるわね」と強引に決めつける私の言葉に押されたのか、「入部する気はないが、大道具なら作ってみてもいい」という返事だった。

それからは、この舞台で大切な役割を担う大きなドングリの木を練習会場の隅で黙々と作り始めた。テルヒサにとって、この作業が自分を変えるきっかけとなった。後に彼は作文にこう書いている。

〈江口先輩は簡単に木のイメージを説明すると、後はすべてお前にまかせると言って練習を始めた。梅野先輩もとにかく何とか作り上げて欲しいと言う。何か大切なことをオレにまかせてくれたと感じたとき、心の中のスイッチが大きく切り替わった〉

また、彼以外にも男子生徒二人が音響や照明の手伝いをしたいと申し出てくれた。二人とも弓道部員だが、大会には参加してみたいと言った。特にいかにもスポーツマンといったサトシの参加は嬉しかった。運動が得意で何でも積極的に行動しているのに、どこか視点が定まらず、時折見せる彼の虚ろな表情は気になっていた。おそらく中学時代の長期にわたる不登校の経験が、彼の自信を奪っているのだろう。話を聞けば、いじめられていた友をかばったことから、イジメの標的になって、学校に行きたくなくなったという。いずれにしても、過去の記憶を乗り越えるには行動することが何より大切だ。私は弓道部の顧問に頼んで、大会までは二人にかなり働いてもらうことにし、大きな責任を押しつけた。

こうした三人の参加はずいぶん部員たちに勇気を与えたらしく、クラス内でも演劇部が徐々に市民権を獲得しつつあった。

改めてクラスを見回してみると、ゆっくりであれ、何か始める生徒が増えている。三八名中、体育系の強化クラブ生が一〇名、他の運動部生が三名、生徒会に四名、そして演劇部に一〇名、少なくともクラスの半分は高校生活らしきものを始めたようだった。

❐――多くの人に支えられ、演じきった舞台

一〇月二三日地区大会本番の日、思いがけず会場には応援の人たちがたくさん顔を見せてくれていた。演劇部の初代部長の樋口先輩、交通事故で亡くなった息子代わりだと、物心両面から演劇部を支えてくれている古川夫妻、すでに他校に転勤しているが、テルヒサに道具とはこうして作るんだと教えに来てくれた五條先生、エリが舞台に立つことを最後まで危惧し、見守ってくれ

た前田先生、そしてわが校出身の先輩たちと、今のクラスのメンバー数人。彼らも改めて自分たちが多くの人たちに支えられているということを実感し、勇気づけられたようで、本番は堂々と楽しんで演じ切った。

わずか半年前、人前で大声を出すことなど考えられなかった彼らが、たとえ下手でも舞台の上でのびやかに動く姿に、私は心を打たれた。横に並んでいる江口や梅野が、音と照明の転換がうまくいくたびに、「よし」「いいぞ」とつぶやいている。樋口先輩は、「彼らよくやっている。ここまできたら大丈夫」と、もう涙ぐんでいる。舞台を見つめる先輩たちの真剣な横顔を眺めながら、どうして先輩たちは自分の時間を犠牲にしてまで指導に来てくれるのかと、私でさえ不思議に思う。

大学四年になった江口は、かなり大手の建設会社に就職を決め、準備で忙しくなったが、時間をつくっては駆けつけてくれた。江口からすべてをまかせると言われた三年下の梅野は、大学一年ながら自ら大きな責任を背負って、彼らに向かい合ってくれた。すでに小学生の子どもの母親である樋口先輩は、家事の合間を縫って練習に参加して、真剣に彼らを怒ってくれた。三人以外にも何人もの先輩がやって来ては、本気の言葉を彼らに投げかけてくれた。先輩たちに指導を頼んだわけではない。三人とも当たり前のように指導に来てくれた。自分たちが経験した心のときめきを、後輩たちにも体験させてやりたいという思いを抱いて通い続けてくれたようだ。

大会を目指して夜遅くまで練習した二カ月間、古川夫妻もまた二〇人分ものお弁当を抱えて、何度も足を運んでくれた。

「本当は君たちの楽しそうな表情を見ると複雑です。うちの子もこうして精いっぱい生きて欲しかったと、つい思ってしまうから…。 でもたった一七で死んでしまったあの子にしてやりたかったことを、あなたたちにしたいと思うのです。だからあの子の分まで輝いて生きて欲しい…」

何度も切実に語るふたりの姿に、部員たちは親の思いを確かに感じ取ったようだ。

こうして多くの人の真実に触れた体験は、彼らを確実に明るくしていった。信じられる他者が側にいるという事実は、心を閉ざしがちだった彼らに、人と人とがかかわることの温かさを教えてくれた。そして他者を信じようとする前向きな姿勢は、自分を外に向かわせる積極性につながっていくに違いない。

夕焼けで真っ赤に染まった最後のシーン、テルヒサのドングリの木が段ボールとは思えない存在感で、その幹を光らせていた。最後まで何かをやり遂げたことがなかったというテルヒサにとって、その木の輝きは、自分を変化させる大きなきっかけとなったようだ。

〈あのときはとにかく嬉しかった。今まで、最後までやり通したことがなかったから、まず自分が最後まで責任を持ってやり抜いたことに感動した。あれが僕にとっての最も大きなできごとでした〉

と、三年間を振り返ってテルヒサは言う。

県大会の夢は叶わなかったものの、彼らが今までとは違う空間に足を踏み出しているのは確かなことに思えた。事実、それからの彼らはクラス内でも少しばかり自信を持って発言し始めたし、それに呼応するように、クラスも自分たちで動き始めていた。

第Ⅳ章

変貌

――二〇〇〇年

――自己表現の面白さを知って

□――過去の自分と決別したエリ

私の希望通りにクラスはそのまま持ち上がることになり、二年がスタートした。教室に座る彼らを見ていると側にいる私でさえ、この一年の変化に驚きを感じる。クラゲのテルヒサは目が悪いからと、いつのまにか前の席を希望する生徒になっている。一年前、落ち着きなく歩いていたアキフミは何かを求める表情で、常に前を向いて座っている。他の演劇部のメンバーも明らかに余裕を持って生活し始めたようだ。

クラス全体を見回してみても、生徒会や部活の中心になったという自覚が彼らに自信を与えていた。もちろん、学校の中で活動する場を持っているのはまだ半数程度に過ぎないが、その生徒たちの変化が他の生徒にも影響を与えているのは確かなことのようだ。他のメンバーも、何も見つけることができず活動していない自分に焦りを感じ始めていた。

特にエリの変化は興味深かった。春休み、他校との合同公演に地区大会での脚本を使ったが、エリは迷い抜いた末に、不登校から立ち直ろうとする生徒、つまり自分自身を自ら演じた。エリは、この一年を自分にとって激動の一年だったと言うが、演劇をさせることはひとつの賭けだったと思う。もしどこかで彼女が躓ってしまっていたら、前田先生が危惧したように、以前よりもっと閉じこもったに違いない。

練習中、指導した梅野は、文芸部顧問の山口先生と同じように厳しい要求をし続け、彼女を甘やかそうとはしなかった。私もエリの母親と連絡を取りながら状況を見てきたが、エリは苦しみながらもこの時を逃したら本当の自信は持てないという思いを胸に乗り越えていったようだ。

私も常に不安を感じていたが、練習を見始めると、梅野の容赦ない言葉がむしろ心地好かった。本気で何かをつくり上げようとすれば、当然要求せざるを得ない。真剣であればあるほど、要求はどんどん厳しくなっていくということを、エリだけでなく部員たちが実感してくれたら、彼らはまた新たな課題に挑戦する意欲が持てるだろう。そう思いながら、私は黙って梅野の指導を見てきたが、彼らはひとつ上の要求を自分に課しつつあることが感じられた。

特にエリは、春の公演を通して過去の自分に別れを告げ、歩き始めたようだ。江口と共に家庭訪問をして以来、一日も欠席をしていないという事実が何よりそれを物語っている。

クラスメイトはエリのことをふざけて「おじょう」と呼ぶが、静かに笑うエリに、そのニックネームはよく似合う。入学当初、エリの危うさに気づきつつ、遠くから見ていた彼らは、一年という時間を共に暮らし、エリの変化を肌で感じているのだろう。「エリはうちのクラスのおじょうやんね」と、ひょうきんな女子生徒の言葉がいつのまにかニックネームになったということに、私は彼らの温かさを感じ、嬉しかった。他のメンバーも、友人を見守る包容力を獲得しつつあるということだろう。彼らは友人の変化に敏感に反応し、影響を受ける。エリがゆっくりとであれ、ひたむきに努力する姿は、クラスに何らかの種を蒔《ま》いているに違いない。私も時折、「おじょう」と呼びかけながら、そろそろ次の要求を出していい時期になったと感じていた。

❐――野球部員たちの反発

学校生活に慣れた余裕でクラスは明るくなり、次の段階に進もうと考えた私は、教室の本棚に文庫本を並べた。授業中話題になっている本や、最近読んだ本の話をしながら、「読む」という作業が人の心を救うことや、書く喜びについて頻繁に話した。実際に、谷川俊太郎や茨木のり子などの詩や、親しみやすい短歌を読ませ、言葉の魅力に触れる時間も増やしていった。自分の心を語る言葉は自分らしく生きていく力を育てると思ったからだ。また有名な人たちの作品だけでなく、卒業生が創作した短歌も併せて紹介することにした。身近にいた同世代の言葉は、より強く彼らの心をとらえるに違いない。そう思いながら、私は幾つかの短歌を黒板に書いた。

・黒板に書かれたことがすべてなら白いチョークをひとつください
・どうしても欲しいものがありました指先のちょっと向こうで消えました
・殺戮《さつりく》を描き続けたキャンパスに一筋の血も流せずに終わる

予想通りこれらの短歌に多くの生徒が興味を示し、自分たちも創ってみたいと、創作する意欲を見せ始めた。言葉に対する興味が高まるに従って、本を手にする生徒が少しずつ増えつつある。

彼らの雑談の中に作家名が飛び交いだしたのを微笑ましく思いながら、新聞や雑誌から切り抜いたエッセイや詩を、授業の初めに読ませていった。

その日も授業が始まってすぐ一枚のプリントを配った。一学期の教材の中では最も面白い『山月記』に入っていたので、「五分したら授業はじめるから」と、吉野弘の詩を読んでいる彼らを見ていた。すると、野球部員とその周辺にいる数名がすぐにプリントを片づけ、退屈そうな表情で雑談をし始めた。

私は即座に予定を変更し、そんな数名を無視して、真剣にプリントを読んでいた生徒たちに話しかけた。「どの詩が好き?」と問いかけながら、「この詩がいい」「中学で習った」などと自由に発言させているうちに本の話になった。本を交換して読んでいる演劇部員と数名の元気な女子生徒たちが、村上春樹や村上龍などの名前を口にしながら生き生きと話しだす。その姿を何人かが反発するような目で見ている。その視線を感じながら、私はあえて彼らと本の話を続けた。

「結構読んでるじゃないの?」

「やっぱり演劇やるなら言葉知らないと無理だって判ったから」

「おれもそう。それで読みだしたら面白くなって。『ノルウェーの森』は、ちょっとはまったね」

「生意気言って。まだ本当の恋愛も知らないくせに。でも本気で演劇やるなら言葉は必要ね」

彼らと雑談していると、後ろでつぶやく声がした。

「また、演劇かやん」

「そう、演劇の話ばっかり」

面倒臭そうに彼らを見ていた野球部員たちだ。演劇部の女子生徒たちが、ハッとしたような表情で黙り込んだ。最近、しばしば嫌味を言われるらしい。寮生活をしながら、毎日四、五時間の練習をしている野球部員にとって、演劇部の活動が甘く見えて仕方ないのだろう。「大きな顔をするな」と言いたい彼らの気持も判る気がする。ようやくこのクラスにも亀裂が入るくらいの人間関係はできてきたようだと、私はますます挑発することにした。

❐――揺れる演劇部員たち

「だって私は演劇部の顧問だもの。君たちだって一番興味のある野球の話をしたいでしょ？　それと同じ」

「演劇部ばっか、ひいい、ひいきしてるやん」

今度はアキフミやテルヒサたち男子部員まで黙り込んだ。

「久しぶりに聞いた。ひいい、ひいきって言葉。高校生には無縁の言葉だと思っていた」

何人かが笑った。その笑いにさっきの生徒がふて腐れている。演劇部員たちはますます困惑の表情を浮かべて私を見ていた。しかしこうした亀裂が今後クラスの人間関係をつくっていくと思い、両者の複雑な表情を見ながら言葉を続けた。

「私は演劇に興味があるから演劇について話したいことがいっぱいある。君は野球が一番大切だから、きっと野球に関して語るべきことがあるはず。ときには野球についてみんなに話してよ」

「やってない奴に言っても判らんやん」

伝統ある野球部員としてのプライドが見えた。私は即座に否定した。

「それは違う。本当に打ち込んでいる人の言葉はその世界のことを知らない人の心も打つ。本物の人の言葉は普遍性、つまり誰でも感動させる力を持つものよ」

「本物じゃなかもん」

「じゃあ、ひたすら謙虚になって、本物をめざせばいいじゃない」

そして私は教科書を開かせた。『山月記』の主人公を苦しめた「尊大な羞恥心」と「臆病な自尊心」は、たとえその次元は違っても自意識を持てあましがちな青春期の生徒に波紋を投げかける。主人公の心理を自分に引きつけて説明させながら、

「臆病な人間ほど他者に対して傲慢になりがちだが、君たちは他者に対してどう生きているのか?」

と問いかけた。数名の生徒がたどたどしくであれ発言したが、まだ言葉をきちんと使えないので、いつものようにノートに書かせた後でコメントすることにした。すると、また書く作業を嫌がる生徒たちが、シャープペンを持ったまま机に上半身を預けようとする。何かにつけ「せから

しか」「どげんでんよかやん」と言いながら、面倒なことを避けたがる彼らを集中的に攻撃していった。

「書いてないのなら、まだ寝る権利はない」

「せからしか、という言葉は自分に対する敗北宣言でしょ」

「プライドのない哀れな人間ほど、せからしかと言って逃げたがる」

そんな言葉を口にする私を、真面目な生徒たちも「またか」といった表情で見ている。近頃説教が多くなったと、生徒たちが不満を抱いているのは知っていたが、伸びやかに生活することが目標だった段階は終わったのだから、要求が多くなるのは当然のことだ。

その後も私は彼らの気持を無視して、

「言葉は武器だ。自分の言葉を獲得しろ」

「言葉はその人を物語る。せからしかを連発する人が信用されるはずがない」

とくり返した。演劇部を中心として本を読みだしたグループと、そんなクラスメートに反発を感じているグループの間に断絶が生じつつあったが、私は気づかない振りをして、ホームルームのたびに笑いながら言った。

「クラスなんて仲良くする必要はない。仲良くしたいって思っている間は信頼関係なんてできない。それぞれが自分の世界を持とうと努力するとき、やっと友人の大切さが判る」

釈然としない多くの表情の中で、とりわけ不安げだったのが、演劇部員たちだ。練習会場ではやっと梅野にも自分の考えを言えるようになったのに、その自信が教室の中ではまだ感じられない。「ひいき」という言葉や、「いい気になっている」という陰口を恐れるらしく、江口や梅野のときのように他のメンバーに刺激を与えるどころか、遠慮がちに座っている。もっとのびやかに生きて欲しいと何度も梅野と溜息をついていた一学期の終わり、突然、ミホが入部してきた。

❐——ミホが書いた旅日記

二年になって入部したミホの存在は、彼らに大きな影響を与えた。ミホは隣の山口先生のクラスで、自他共に認める世話役的存在だったが、「自分には何もないから、何かしたい」と演劇部に入ってきた。ひとりだけ違うクラスだということもあって遠慮がちだったが、男子部員と一緒になって重い道具を運んだり、後片づけをする姿に、梅野も私も、最初から興味を持っていた。

夏休み後半になって、そのミホが九州一周の「一人旅」を敢行した。自分は何をしたいのか探しに行くと言って旅に出たようだが、帰ってきたミホは、山口先生にそっとノートを渡しに来た。隣の席でしばらくそのノートを読んでいた山口先生は、「読みますか?」とだけ言って、ノートを机の上に置いた。冷静な彼がなんとなくいつもと違う。ノートを開くと何ページにもわたって、小さな字がびっしりと並んでいた。そして読み始めた私は、その柔らかで透明な感性に心を揺り動かされた。息を詰めるようにして読み終わった私に、山口先生が言った。

「ぼくには書けない文章です」

「ただ淡々と書いているだけなのに、なぜか涙ぐんでしまった…」

私たちはしばらく黙ってミホのノートを見つめた。


八月二一日。

駅の冷えたベンチに座っていた。不安と興奮が私の中で混ざり合っている。でもここまで来たら前に進むしかないと自分に言い聞かせ、ダイヤ表を見て次の列車を待った。私の隣に座っていたおばあちゃんは大きなリュックを背負った私に尋ねてきた。

「どっかに行くとね？」

私はちょっと照れたように答えた。

「一人旅です」（中略）

ワンマン列車は八代駅で終点だった。次の列車の時間まで八代を歩くことにした。特に特徴のあるものはなかった。ふらっと引き込まれるように本屋に入り、くるっと一周して出てきた。なんだかむなしい気持ちになった。私自身のからっぽさは、私の見る世界もからっぽにするんだなあと思った。

下向きの心のまま目に留まったスーパーに入り込んだ。別に何が買いたいという物はなかった。でも何かで心を変えたかった。私は林檎をひとつ買った。自然な色がとてもおいしそうに見えたからだ。それはなんだかくすぐったい気持ちにさせた。（中略）

私の前に二人の学生が座った。楽しそうにおしゃべりをして、声を上げて笑っていた。学校付近に近づくと二人はそわそわして列車を降りた。その後ろ姿を見ているとまた寂しい気持になった。きっと彼らは私のことを覚えていない。ここに来たこと、ここに居たことも誰一人覚えていないだろう。じゃあ、なぜ私は旅をしているんだろう。別に生きた証を見つけに来たわけではない。でも誰かに覚えていて欲しいという思いがあるのだ。私はとてもわがままな人間だ。（中略）

とにかく海に行きたかったのでそこを目指した。何艘かの船が浮かんでいた。その中の一艘の船に男の人たちが七、八人乗っていてウロウロしていた。五〇歳位のおじさんが私に声をかけてきた。

「どっから来たとね？」

日に焼けた少年のような素敵な笑顔だった。私は「福岡です」と答えた。それから、

「漁に出るんですか」と訊ねた。

「今帰って来たとこ。魚やろうか？」

「いえ、いいです。料理できません」

私はパンとジュースをもらった。いろいろ話し込んだ。

「この仕事楽しいですか？」

「楽しい仕事はなか」

私ははっとした。楽しい仕事はなか…、確かにそうだろうな。やりがいがあるかと訊けばよかったと思った。私が将来就く仕事はやりがいのあるのがいいなと思う。ああー、私はいったい、将来何になるんだろう。


翌日、私は部員たちを集めて宣言した。

「今年の大会にはミホの作文を原案として使います。従って、主役はミホです」

突然の決定に皆、驚いたように私を見ていたが、誰より慌てたのはミホ自身だったようだ。

「私はまだうまくないし、入ったばっかりだし…」

「大丈夫。あれだけの作文が書けるんだから。とにかくみんなに読ませたいんだけど」

あの作文は山口先生に読んでもらうために書いたのだからと、ミホは嫌がったが、部員たちの「読ませて欲しい」という説得で承諾してくれた。

翌日の国語の時間、誰もが食い入るように活字を追っていたが、三〇分ほど経つと、読み終わった生徒たちがあちこちで溜息をつき始めた。

「なんか、ショック受けた。やられたって感じ」

「男のおれがまだできないことを、先越されたみたいで悔しい」

「ミホちゃんの勇気が羨ましい」

演劇部のメンバーもそれぞれ感想を言い合っていたが、私の気持が理解できたようで、「先生、早く脚本を書いてください」と言ってきた。

❐——テルヒサの作文「父との約束」

二学期が始まって一週間後、私はとにかく「懐かしい風景に誘われて立ち寄った見知らぬ街で、ひとり旅の女子高校生がさまざまな人に出会う」というプロットに従って書き始めた。田舎の小さな駅に降り立ったミホから始めて、再び電車に乗って去って行くミホで幕を下ろす。その最初と最後のシーンは、ホリゾントに映像を映し出す。そして加藤登紀子の「時には昔の話を」をテーマ曲として使うなど、大まかなことだけは梅野と相談して決まった。

だが、舞台に立ちたいと希望する一二人の部員をどう動かしていけばいいのか、正直なところ、私は困り果てていた。そんなとき、テルヒサとユキがコンクールに応募するための作文を仕上げてきた。ミホの作文同様、私は大きく心を揺さぶられた。テルヒサは別れて暮らす父との再会を淡々と描いていた。


……父も僕も黙り続け、互いに目をそらしながら気まずさに耐えていた。食事も終わり別れ間際僕はトイレに立った。すぐ後から入ってきた父が、後ろから声をかけた。

「最近どないや」

二人きりのトイレの部屋に低い声が響いた。

「ぼちぼち」

ぶっきらぼうに言い放ったが、父の関西なまりのしゃべりが奇妙に懐かしく心地よかった。今度は自分から自然に喋りかけていた。

「そっちこそどないしとんの」

父も気まずさが解けたのか、昔のように僕に笑いかけながら返す。「まあこっちもぼちぼちぼちっちゅうところやな」

その笑顔を見て、僕の心は嬉しさと寂しさでグチャグチャになった。

「そっか」

再び沈黙が戻った。やがて沈黙に耐えきれなくなったのか、父はドアに向かって歩き始めた。ドアのノブに手をかけた父が振り返って言った。

「お母さん大切にしいや」

最後に聞いた父の言葉だ。

作文の後半には、遊び呆けるテルヒサに必死で立ち向かう母と、父の言葉を脳裏に浮かべる自分の姿を書いていた。

「本当はきちんとお母さんに言いたいことがあるんでしょ?」

「まず今までいっぱい泣かしてきたことを謝りたい。それから『お母さん大切にしいや』という父さんとの約束を必ず果たすと言いたい。でも照れくさくて、面と向かってはとても言えない」

「その気持を知ったらどんなにお母さんは喜ぶかしら。じゃあ舞台の上から言えば」

私はテルヒサの許可を得て、彼をモデルとしてひとりの青年を登場させることにした。青年は舞台の上から客席に向かってこう叫ぶ。

「ふたりいた親がひとりになったんだ。俺、おふくろ大切にするよ。『母さん、大事にしいや』、それが親父との約束だからね」

❐――ユキの作文「私の父は中国人です」

また驚いたことにユキは、今まで隠し続けてきた事実をさらりと書いてきた。

父が中国人で母は中国と日本のハーフ、私はその間に生まれた中国系日本人。私は小学一年生まで中国にいた。母方のおばあちゃんが日本人で、戦争のため中国に残って日本に帰ることができなかったからだ。おばあちゃんは日本への思いを捨てきれなかったらしく、母や父に一緒に日本に帰ってくれないかと頼んだ。ある日の夜、隣の部屋がうるさかったので起きてみたら、いつもは優しい父が怒鳴っていた。仲の良い父と母が日本に行く行かないで喧嘩をするのなら、私は絶対日本へは行きたくないと思っていた。…以下略。

その作文には、説得されて日本で暮らし始めたものの言葉の壁にぶつかり、苦労して働く父への愛が溢れていた。私は一年前の面談で聞いた、父親のたどたどしい日本語を思い出した。

「ユキは中国語を嫌がってちっとも覚えようとしてくれない。私が中国人だということがユキは少し気に入らない」

私はユキに単刀直入に訊いてみた。

「ユキ、今度の舞台で中国の言葉をしゃべってみない？」

「私、ほとんどしゃべれません」

「〝先生〟がいるじゃないの。いい機会だから教えてもらえば。ユキはもうくだらないこだわりを捨てたんでしょ？　きれいな中国語を聞かせてよ」

「じゃあ、お父さんにきちんと教えてもらいます」

「できればおばあちゃんの体験を訊いてきて欲しい。それからおばあちゃんのことを脚本に書いていいかどうかも訊いてきて」

翌日ユキは、軍人の妻として中国に渡り、日本に帰れないまま中国の人と結婚したという祖母の人生をノートに書いてきた。祖母の許可も得たというので、私はユキに頼んだ。

「あなたがおばあちゃんの役をやってくれないかしら」

こうして彼らの言葉をつなぎ合わせながら、脚本ができていった。今はまったく心配する必要のなくなったエリには、不登校の娘に苦慮する母親を演じさせることにした。

❐——ミホが教えてくれたもの

九月半ば、ミホを連れて、昔の風情を残した無人駅に出かけた。ビデオ撮影は、彼らの姿を撮り続けている古川さんが引き受けてくださった。教育ビデオなども作った経験のある古川さんは、ミホにさまざまな注文をしながらカメラを向け続ける。最初のうちは照れてばかりいたミホもそのうち自然な笑顔になり、手を振って別れる最後のシーンは満面の笑みで古川さんを満足させた。

それからのミホは大活躍だった。下手なくせに、妙に存在感のある自然な演技は部員たちを納得させたし、誠実で真摯な生き方は屈折しがちな彼らにとって模範ともなった。いつも変わらない笑顔のミホは、そこにいるだけで皆に何かを教えてくれたような気がする。

それまでまともに文章を書いたことのなかったミホに、なぜあれだけ長い作文が書けたのか、今になってミホはこう振り返る。

〈旅に出て初めて、私の中に揺れ動く感情があることを知りました。自分には何もないって思っていたから嬉しかった。それを山口先生には判って欲しかった。全部判ってもらいたいと思ったら、あの長さになりました〉

ミホの一人旅——山口記

ミホを担任したとき懐かしい気がした。入学時から明るい表情をしたミホが、西短ではとても珍しかった。こんなに純真な、幼稚園の子どもがそのまま大きくなったような汚れない高校生がいるのかと驚いた。しかしその明るさの裏には、寂しい顔をしたミホの顔も見え隠れしていた。

放課後、私が忘れ物を教室に取りに行ったときだった。ぽつんとミホが座っていた。声をかけると、泣きそうだった顔をぱっと明るくして話しかけてきた。そのときはいつものミホだった。しばらく話しているうちに、やりたいことが見つからない、何をしていいのかが判らない、友だちとも距離を感じるなどと、つぶやくように話しだした。自分が何をしたいのか、何ができるのかが判らない。空っぽの自分がいるだけだと言った。そこまでは黙って聞いていていたのだが、中学時代にイジメられたことを言いだしたとき、ミホの発言を遮《さえぎ》った。そんなことを聞きたくなかったし、ミホに言って欲しくはなかった。納得できないような顔をしたミホを残して教室を出た。

ミホはクラスの中心になって明るく過ごしていたように思う。しかし何か違うことをしたい、充実した日々を過ごしたいとは、ずっと思っていたようだ。ミホはことあるごとに私に言った。

「先生、なんでそげんしらーっとしとっと！　金八先生のごたる熱血先生になってクラスば引っ張らんね。そげんしらーっとしとる先生やらいっちょんすかん！」

そう言いながらも、なぜか私になついていた。

二年生になり、ミホを引き続き担任した。相変わらず、何かをしたいという不満を抱えているようだった。そしてある日「演劇をやりたい」と言いだした。私はただ「そうですか」と答えただけだった。

途中参加ということで演劇部に馴染めない様子だったが、持ち前の明るさで元気に発声やジョギングをしているミホを微笑ましく見ていた。一学期の終業式にミホが言った。

「先生、出校日にこられんごとなった」

「なぜ?」

「ひとり旅に行くけん」

「どこに?」

「まだ決めとらんばってん、こんままぼけっと夏休みば過ごしとうなかもん」

落ち着いたように見えていたのだが、やはりミホの中には「何かをしたい、このままではイヤだ」という思いが燻《くすぶ》っていたのだ。

「学校なんか気にしないで、ずーっと旅をしてきなさい」と、私はミホを送り出した。

二学期の始業式、ミホにひとり旅の様子を訊いてみた。夏休み中を利用して長期間旅行をしてきたのだろうと、私は思っていたのだが、「青春18切符」を利用して三泊四日の九州一周旅行だったらしい。

「何を見てきましたか?」

「いっぱい見てきたよ。えーと…」と、ミホが頭の中を整理し始めた様子だったので、

「文章にしておいで」と言った。

「えー、文章やら書っきらんもん」

「じゃあ書きたくなったら書いておいでよ。書きたくなかったら、書かなくてもいいし…」

それまで授業中に作文を書かせていたが、ミホの文章はどう見てもヘタだった。ミホらしいと言えばミホらしいのだが、小学生程度の文章力しかなく、コメントを返すたびに「何が言いたいのか判りません」「小学生レベルです」と書いていた。

そのミホが自分の体験を文章にすることは難しいことだと思うが、それでもミホは、「書いてくるけんね、待っとってよ」と明るく言った。

一週間後、B５判のノート四枚にびっしりとミホの字が並んでいた。私が読みだそうとすると、「先生、羞ずかしかけん、あとで読んで」と、足早に職員室を出て行った。

一読して不覚にも感動した。文章はたどたどしくあいかわらず拙いものだったが、そこにはミホらしいピュアなものがあった。ミホが体験したことが何の衒《てら》いもなく、そのままそこにあった。私には書けない。高校生の、ミホだから書ける文章だった。そのことをミホに言うと、文章を褒められたことがなかったのか、ミホはとても羞ずかしそうな表情をして笑った。

黙って竹島先生に読ませた。私と同じように感動したらしく、ぜひこれを自分のクラスに読ませたいと言った。ミホに承諾を求めたが、すぐに「うん」とは言わなかった。演劇部のある生徒に諭されたらしく、ミホは次の日、読ませてもいいと言ってきた。私がワープロで清書し、印刷をして生徒たちに読ませた。反響は思ったよりも大きかった。同世代の、しかもあのミホが経験したことへの驚きが大きかった。

同世代の反響に「そげん大変なことはしとらんとに…」と照れていたミホに、「君は大変なことをしたんです」と言った。ミホのひとり旅はそれでは終わらなかった。その旅は「何もできない」と言っていたミホに大きな転機をもたらしてくれた。

竹島先生はミホが書いた「一人旅」を元に脚本を書いて、それを今年の演劇部の地区大会で使い、なんと主役をミホにやらせるというのだ。ミホは遠慮と戸惑いを持ちながらも、演劇部の仲間たちに支えられてその大役をどうにか果たしたようだった。

やりたいことが見つからないと言っていたミホが、嘘のように充実した日々を過ごしていた。誰に言われたわけでもなく、自分で選び、実行したミホに大きな出会いがあり、それが宝物になってミホに返ってきた。大役を終えた後は明るい笑顔がさらに輝いて見えた。

しばらくしてミホに訊ねた。

「何で旅にでようと思ったんですか？」

答えは私の予想を超えていた。

「裸の大将の山下清に憧れたとよ。大きなリュックば背負って、傘ば持って…」

その答えはとてもミホらしかった。

❐――共に育ち合う生徒、先輩、そして私

昨年同様、本校上演の会場には多くの人が応援に駆けつけてくれた。この人たちに誠実に応えて欲しいという私の願い通り、彼らは堂々とのびやかに演じきった。幕が下りると、私はまず、部員たちの父親や母親に囲まれた。

「若い人が成長する姿を見ていると、私たちの方が勇気づけられます」

「どの生徒さんも表情に自信が感じられるようになりましたね」

最初はわが子だけを見に来ていた親たちも、いつのまにか視線を他の生徒に向けるようになっている。子どもの変化は親たちにまで影響を及ぼしているのだろう。親しげに話し合う親たちの間をすり抜けようとしたとき、テルヒサの母親に声をかけられた。横には金髪の若者がふたり立っている。

「テルヒサの友だちです。どうしてもこの子たちに見せたくて連れてきました」

「ウチ（の学校）じゃないよね」

「はい。高校やめて今はぶらぶら」

「俺も」

妙に素直な金髪少年たちがおかしくて訊いてみた。

「こんな真面目な劇、退屈じゃなかった?」

「いや、あいつが一生懸命してるのが妙に羨ましかった」

「やられたって感じ」

横でテルヒサの母親がうなずきながら言った。

「先生、私、今日は幸せでした。あの子のメッセージ、しっかり受け止めました」

テルヒサに報告してやろうと楽屋に行くと、梅野の指示のもと誰もがきびきびと働いている。片づけを手伝っていた江口が満足そうな表情で近づいてきた。

「先生、僕が言った通りでしょ。責任を背負ったら必ず成長するって。梅野は自信を持って指導していますね。すっかり逞しくなりましたよ」

江口が言う通り、もしかしたら彼らを教えていた梅野は、彼ら以上に変化したのかもしれない。教えることの面白さは時々その立場が逆転するところにあるが、梅野はまさに彼らに育てられたと言っていいだろう。そして私もまた若い世代に育てられていく。教える側と教えられる側とに立場を固定してしまうなら、教員という仕事は至極退屈なくり返しに過ぎない。立場が逆転する瞬間にこそ教える醍醐味《だいごみ》があると思いながら、ひとまわり大きくなった梅野の背中を見ていた。

❑――ユキの宣言

二学期の終わり、近隣の自治体の依頼で演劇部は前回の芝居を再演した。カーテンコールに並んだ部員たちに、「この芝居を通して伝えたいことは何か」という質問がきた。さりげなくマイクを取ったユキが明るく答え始めた。

「私が演じたおばあさんは私の祖母がモデルです。つまり私は中国籍の日本人です。この芝居をするまで、私はそのことをできるだけ隠したいと思ってきました。でも今はどうしてそう考えたのか、不思議にさえ思います。私は今日、誇りを持ってこの役を演じました。将来は中国に関係した仕事をしたいと思っています」

会場が一瞬静まり返り、誰もが息を飲んでユキを見ていた。入学当初、頑《かたく》なに心を閉ざし中国を嫌ったユキが、凛《りん》とした表情で自分の心を整理しようとしている。突然の言葉だっただけに、私は胸が熱くなった。最後に挨拶をするはずの梅野が照明室から降りてこなかったのだが、ユキの不意打ちのような言葉に不覚にも泣いてしまったからだという。

他人なんか信じるものかと言わんばかりの表情で入学してきたユキが、その瞬間、古い衣服をはらりと脱ぎ捨てて、美しい女性に成長したように思えた。ユキの力強い言葉は他の部員たちにも新たな自信を与えたらしく、皆誇らしげに背筋を伸ばして立っていた。

❐——先生は介入しないで！

演劇部がクラスの中でも自己主張を始めた三学期初め、江口から電話があった。

「まだ先生は聞いてないことにして欲しいんですが、ユキがかなり苦しんでいるみたいです。セイコがメールで知らせてきました。原因ははっきりしませんが、どうもイジメられているようですね」

人に頼ることを嫌うユキも、同じ演劇部員のセイコにだけは何でも打ち明けているようだ。

「イジメ？　何でユキが？　それにいまさらイジメられるユキでもないでしょうに」

「だから先生には言わないで、自分で解決しようとしたみたいです。ユキにもプライドがあるでしょうから。でもセイコが言うには、陰口がひどくなっているようで。ユキの生意気な態度が気に障《さわ》ると言うメンバーがいるみたいですね」

それだけでほぼ予想がついた。と同時に、何人かの顔が浮かんだ。過去のことをユキは話したがらないし、私もあえて訊いたことはないが、中国から日本に来た幼い頃、ユキはずいぶんイジメられたようだ。その防衛策として、ユキは人に対して高圧的な表情で立ち向かう姿勢を身につけていた。そんな自分が好きではないと、作文に書いていたことがある。心を解放しつつある今でも、確かに他の女子生徒のように何でも笑う無邪気さはない。無関心を装う彼女の視線が、ストレートな運動部のメンバーを怒らせたとしても不思議はない。また部員以外のクラスメイトたちと、本の話などを積極的にするようになった演劇部に対する反発でもあるのだろう。

「先生、ギリギリまで入っちゃダメですよ。とにかくやれるところまで自分たちでやってみると言ってるんですから。限界だと思ったら連絡しますから。梅野にも連絡は入ってますが、しばらく彼らの行動を見てみようということになりましたから」

私は「判った」と言うしかなかった。江口も梅野もすぐに行動に移したがる私の悪い癖をよく知っている。彼らの指示に従う約束をして受話器を置いた。まったくいつのまにか彼らの方が大人になっている。どういう結末になるのだろうと、彼らの動きが興味深かった。

その連絡を受けて彼らの様子を見てみると、授業中もユキやアキフミら演劇部が発言するたびに顔をしかめる数人がいる。あたかも「飼い慣らされやがって」と言いたげなその表情が面白かったが、私は先輩たちとの約束通り、知らん顔をして真面目に学ぼうとするメンバーを認める姿勢をより顕著にした。

❐――涙の半分は嬉し泣き

それから二週間後の夕方、次回公演の話し合いをしているはずの部員たちを見かけたので、声をかけた。

「もう話し合いは終わったの？」

「まだです」

「じゃあ、どうしてうろうろしてるの？　教室に部長はいるの？」

テルヒサは部長としてもっと厳しくしてくれないと困る。注意しようと、教室に向かって歩き始めた私を彼らが止めた。

「先生、いま行ったらダメです。ユキさんが泣いているから。部長が、とにかく後はセイコさんにまかせてみんな出ようと言ったので。先生もしばらくそっとしていた方がいいですよ」

とうとう限界がきたのかと、止める彼らを振り切って教室に走った。さぞかし傷ついているのだろうと覚悟しながら教室に飛び込むと、涙を拭きながらふたりが笑っていた。

「どういうこと？　ユキが泣いてるって聞いて走ってきたのに」

「泣いていました。でもその涙の半分は嬉し泣き」

「だから説明してよ。何がどうしたって言うの？」

「五人の運動部員を相手になぜ私を非難したいのか、私のどこが気に入らないのか三〇分にわたってひとりで彼らに訊いてきました。生意気な態度を指摘されたので、そこは謝った上で、私が平気そうな顔をしながらどれだけ傷ついているか、気に入らないのなら直接言って欲しいなど、全部言ってきました。教室に戻ってみんなの顔を見たら急に足が震えて涙が止まらなくなって」

一五二、三センチという小柄な女の子が一八〇センチ前後の五人を見上げている場面を想像しただけで、どこか痛快でユーモラスな気持になった。
「ユキの言葉をかれらは、どんな表情で訊いたの?」

笑いながら言うと、涙の乾いたユキも笑顔で答えた。

「最初はただビックリして私を見下していましたが、そのうち困ったような表情になって、最後はとても真剣に私と話し合ってくれました。心から悪かったって言ってくれて。でも一番嬉しかったのは、みんなが黙って出て行ってくれたこと。誰も何も訊かず、ただそっと出て行ってくれたこと。私もこれからは人に誤解されるような突っ張った生き方は止めようと思います。先生、今までほっといてくれたことに感謝してます」

「感謝するなら先輩たちにしてよ。私はただ江口や梅野の指示に従っただけ。それにしてもなかなか面白いドラマよね」

そう言って教室を出ようとすると、ふたりが笑いながら言った。

「他人事だと思って」

「だって他人事だもの」

それからは練習場所の体育館に運動部員たちが遊びに来るようになった。遅くまで部活をしている者同士互いに頑張ろうと言い合いながら、寸暇を惜しんでバドミントンに興じている。「練習を始めるぞ」と言いかけた梅野も言葉を飲んで、「遊ばせてやるか」と笑っている。ユキの行動によって他の部員たちまで勇気を獲得したのか、表情に余裕が感じられるようになった。

そしてクラスの中にも以前とは違う空気が感じられた。くだらない意地や見栄を捨てて、それぞれのペースで自然に生きていこうとし始めている。休み時間も必要以上に固まらなくなった。本を読みたいメンバーはひとり黙々と机に向かい、エリら大学に行きたいメンバーは英検の過去の問題を解いている。運動部員たちはいつも賑やかにふざけている。ようやく歩き始めた彼らに、私はまた次の要求を突きつけたくなった。

❐――このままでは卒業させられない

この二年で演劇部だけでなく、クラス全体が真面目に前向きに生活することをとりあえず獲得したようだ。江口や梅野たちのクラスではここまで来たら、あとはもうひたすらより高い夢に向かって努力させること、そしてのびのびと高校生活を楽しませることを目標としてきた。だがこの代の彼らにはもう一歩欲張って要求するしかない。

確かに彼らは部活や生徒会の中心的な存在として積極的に活動しており、成長したことは認める。しかし私は何か釈然としないものを感じていた。おそらく高校にいる間の彼らは自信を持って発言し行動するだろう。しかし卒業してからも自分のペースで生きていける強さは、まだ感じられない。あくまでも社会に出てからの彼らに照準を合わせて担任している以上、このまま卒業していくのを見ているわけにはいかない。身体から発散するエネルギーが感じられないのはなぜなのか？　今までの先輩より多くの舞台を踏み、さまざまな体験もしてきたはずなのに、それを部員たちが自分のものとして取り込んでいると思えないのはなぜなのか？　演劇をしている間はしっかり地面に足をつけて立っているように見える彼らが、終わってしまうと、どこか不安げな表情になるのも納得できない。

問題は、彼ら自身がそんな頼りない自分を安易に受け入れてしまっていることだ。それ以上の変化を自分に要求しているようには思えない。確かに人前で喋ることなど考えられなかった彼らからすれば、大きな成長を遂げた今の自分にある程度満足し、なんとなく安心しているのも判る。しかし人前で自己表現をする勇気を獲得したといっても、知的レベルはそうそう変化したわけではない。このまま卒業したら、また誰かの後から当たり前のような顔をしてついて行く人間になってしまうのではないか。やはり自分に対するより深い洞察力を獲得させる必要がある。私は三年から始まる現代文の授業のあり方について、あれこれ考えていた。

第V章

蹉跌

――二〇〇一年

――沈黙する授業の中から

❐——授業の半分を山口先生にゆだねる

国語という教科は真剣に取り組めば取り組むほど、生徒の内面に介入せざるを得ない。特に三年で扱う教科書には別役実、開高健、安部公房、坂口安吾、津島佑子といった既成概念を覆す作品が収録されている。そうした作家たちの言葉に正面から向かい合わせることができれば、これからの生き方の原点になるだろう。残りの一年間は徹底して言葉にこだわりながら、ひとつの作品を丁寧に読み取らせていきたい。

だが三年の彼らの前に立てば、担任としてどうしても進路に関する話をする機会が多くなる。今までのかかわりを考えれば純粋に作品に向かい合うというより、教材と彼らの生活を結びつけて読み取らせていきがちだ。文を読む、文を書くという力を本気で育てるために、週七時間の授業のうち何時間かは別の観点からの授業を受けさせてみたい。

また成長の重要な時期に、特定の人間が長期にわたって口出しをするなら、きわめて偏った価値観を押しつけてしまうことになりはしないか。やはり彼らが三年になったら、私とはまったく違うタイプの先生にも教えてもらうべきだろう。その点、隣のクラスを担任している山口先生は、ある程度意識的なクラスを教える場合、生徒たち同士で読み取らせようとする。生徒が動かなければ、授業をまったく進めようとしない。生徒たちは戸惑い、反発しながら、それでも自分たちでたどり着くしかない。教えすぎる私から、大切なことは教えるべきではないと、常に主張する彼に思い切って預けてみよう。授業をふたりで教えることで、彼らの中に新たな要求が芽生えるかもしれない。入学した頃から比べると別人のように変化したとはいえ、そんな自分に満足し、停滞している部分もある彼らにはかなりな刺激になるはずだ。

そんなことを考えていた三月、その山口先生が突然、他の学年に配属された。しかも一クラス減になるという。二学年の担任団で取り消しを求めたが、退学者が多かったこともあり、クラス減という方針を認めるしかなかった。従って山口クラスを解体する形で学年全体を組み替えなければならない。何よりクラス替えを嫌がっていた私のクラスのメンバーに衝撃が走った。

しかし最も悲しんだのは山口クラスの生徒たちだ。遅刻も欠席も少ない落ち着いたクラスだっただけに、ミホをはじめとして、誰もがこのクラスで卒業したいと思っていたようだ。特に担任に対しての思いは深く、「山口先生に担任して欲しかった」と、多くの生徒が涙を流して悔しがった。

極端に甘えを嫌う担任に対して、生徒たちの方が気を遣っていただけに、涙まで流して悲しむ姿に、改めて彼らが何を求めているか考えさせられた。江口たちのときもそうだったが、どんなに反発しても内心では自分たちにとって〝壁〟となり得る大人を待っている。〝壁〟があってこそ、生徒たちは乗り越えるための努力をするしかなく、その体験を通して彼らは自分と向かい合うのだろう。やはり適当に寄り添ってくれる大人を本気で信頼するわけではない。そんな彼らの姿は、何より優しさを求めているように思われた若い世代に対して新たな期待を抱かせた。

結局、私のクラスの野球部員や、彼らと仲の良いメンバーを元野球部部長のクラスに入れ、山口クラスから一五名の生徒を私のクラスに入れることにした。二年の終わり、ユキの件をきっかけとして新しい人間関係ができ始めたときだっただけに皆悔しがったが、山口クラスのことを考えれば仕方ないと納得してくれた。

新たに入ってくる一五名のためにも、山口先生に現代文を担当してもらおう。そこで週七時間のうちの四時間を山口先生に依頼し、それぞれのやり方で教えてみようということになった。

以前から言葉を獲得することは生きる力につながると考える私たちは、授業中は教える側が誘導せず、彼らに喋らせる。また継続して作文を書かせるということだけは足並みを揃えてやっていこうと決めた。こうして彼らは、突然のように、今までとはまったく違った授業の中に放り込まれることになった。そして私はできるかぎり山口先生の授業を参観させてもらうことにした。

❐──戸惑い沈黙する教室

四月上旬、現代文は別役実の随想『迷う犬』からスタートした。主体的に学習するという約束通り、多くの生徒たちが語句の意味を調べ、教科書やノートにびっしりと書き込んできている。

それでも授業中に使われる難解な言葉に戸惑いの連続だ。判らない言葉が頻繁に使われるので、今までのように生徒たちは質問する。

「先生、それはどういう意味ですか？」

「知りません」

「え？　教えてください」

「自分で調べてください」

「……」

そのたびにシーンとした教室に、辞書のページをめくる音が重なった。

また自分たちで授業を進めるというやり方にも、戸惑いながらも慣れようとしていた。積極的に発言する何人かの姿からは、新しいことに挑戦する熱意さえ感じられる。しかしどんなに一生懸命答えても、中途半端な答え方やしゃべり言葉による発言は許されなかった。

例えば「～じゃないですか」を連発したがる生徒は、「ぼくは知りません！」と跳ね返され、言葉の切れ目を不必要に上げて疑問形で話し始めると、「いちいち聞かれても困る」と無視される。特に「ぼく的には～」が口癖になっている生徒は、「そんな日本語はない！」と一喝された。

「人に頼らず自分で学べ」「言葉を正確に使え」など、突然のように突きつけられた高い要求は生徒たちを悩ませた。そして誰も発言できずに諦めたように黙り込むと、

「嫌なら、板書して丁寧に説明していく授業形態に変えてもいいんだ」

という厳しい言葉が飛んだ。その言葉に生徒たちははっきりと反応した。

「まだ諦めないでください」

確かに今の授業形態についていけないにしても、せっかくチャレンジしていこうと決意したのだから、このままでは彼らも納得できなかったのだろう。二年次、近隣の自治体や高校教員の研修会で公演し、自信をつけてきた演劇部員たちは特に、思うように発言できない自分に苛立っているに違いない。中途半端に自信を持っていた彼らに自分を見直させることが私の目的でもあったのだから、しばらく黙って見ていることにしよう。

次々と浴びせられる言葉に右往左往しながらも、六、七人の生徒が中心となって、なんとかその要求に応えようとしていた。

残り九カ月からの始まり（『迷う犬』別役実）

――――山口記

竹島先生から現代文を担当して欲しいと依頼があった。本来は担任である竹島先生が担当すべきであるのだが、何か狙いがあってのことだろう。私が竹島先生とはまったく違う授業スタイルで、とことん言葉にこだわっていくやり方であることを承知しての依頼だった。現代文においてそれが正しいやり方だとは思わないし、進路決定を目標にした現在の高校現代文ではなおさらだろう。それでも担当して欲しいということなので、私は竹島先生の計画に乗ることにした。

クラスの半数が一、二年次に私の授業を受けてはいるが、今までの板書中心で講義形式の授業とは違うスタイルに戸惑うに違いない。

討議中心の授業にするつもりだった。過去にある程度学力のあるクラスでは行ってきたのだが、果たしてこのクラスでできるかどうか。

授業を始めるに当たって生徒に次のことを伝えた。

・基本的に板書をしないのでノートを作らなくても良い。
・授業に参加するしないは本人の意思にまかせる。
・定期考査や受験のための授業はしない。
・指名しないので手を挙げて発言すること。
・生徒が動かないのならば授業は進めない。
・予習をしてくること。
・徹底して辞書を引くこと。

・当たり前のことに疑問を持つこと。

生徒たちの戸惑いと反発の表情をよそに授業を始めた。教科書は東京書籍の『現代文』を使用している。

最初の単元は、別役実の『迷う犬』という随想だ。テキストの中に使われている「定点意識」と「浮遊点意識」のふたつの言葉をキーワードに読み、自分の現実と照らし合わせる作業をさせてみようとした。そのためにはまず徹底的に言葉にこだわり、知らない言葉はもちろん、知っている言葉でも辞書で調べさせ確認させていく。初めて辞書を手にする生徒も多数いたようだが、もそもそと辞書を引き、辞書に書かれている言葉を読むことに苦労し、その言葉を理解できないために意味がつかめないという試行錯誤をくり返した。生徒が調べた辞書の言葉をそのまま発表しても「それなら調べていないのと同じです。何のための辞書ですか」と突っぱね続けた。

竹島先生が演劇部を中心に鍛えていたクラスなので、それなりのプライドもあり、自分たちは周囲のだらけた高校生とは違うんだというヘンなプライドが見え隠れしていた。ミホ以外の演劇部の生徒たちは、私の授業を初めて受けることになる。生徒たちのヤル気は十分に伝わってきたが、まずはヘンなプライドを叩きつぶさねばならない。

授業と並行して週に一回の作文を課した。授業だけでも今までの数倍は苦しいのに、その上、作文を書くとなると、生徒たちの能力を超えてしまうのは判っていたが、私たちには時間がなかった。あと九カ月。限られた時間の中で生徒たちにどれだけのことを伝えられるか。時間との競争だった。

作文は私が短いフレーズを与え、そこからひらめいたことを元に、自分でテーマを設定して八〇〇字以内で書くというものだ。例えばキャッチコピーから引用したフレーズを与えてみた。

・最後に泣いた日のことを憶えていますか?
・幸せの横にはいつも絶望が座っている。

生徒はワケが判らないという表情で、言葉と正面から取り組んだ作文を書いてきた。おもしろくなかった。

文章は生ものだと思う。時間が経てば鮮度は落ちる。私はその日のうちにすべての作文にコメントを書いて返却した。生徒が作文を書いた感覚を忘れないうちに返すように心がけた。生徒一人ひとりの表情を思いながら、その生徒に合ったコメントを書く。そのほとんどが厳しい言葉になったが、文章を書くおもしろさを判ってもらいたかった。

授業中も辞書を引き、書かれてあることを理解しようと一生懸命に考えている姿や、自分の言葉を紡ぎだそうと懸命になっている姿を見ていると、きっと生徒にとってはきつい作業であるに違いないとは思うが、自分の力で言葉の一つひとつを自分のものにして欲しかった。私が言葉を解説してやることは簡単だが、他人に教えてもらったことはすぐに忘れる。自力で苦労したことは忘れない。時間はかかるかもしれないが、確実に身につけて欲しい。意気込んでいた生徒たちも、馴れない作業が面倒臭いらしく、日が経つごとに諦めるようになっていった。

今までは挙手をして意見発表する経験などなかった生徒たちが、意を決するように手を挙げて発言しても不適当であれば厳しく注意し、言い直させた。

「ぼく的な意見でいいですか？」

「ぼく的？　そんな汚い日本語はありません」

「間違ってるかもしれないんですけど…」

「間違ってると思うなら言わないでください」

曖昧な表現をしないことを強く要求した。結果、萎縮して発言できないようになったが、構わずに同じスタイルを持続した。今は私も生徒も我慢のときなのだと思っていた。

今年初めて試みたことがある。授業を始める前に少し話をすることだ。授業とは全く関係の無いような映画、ＪＡＺＺ、小説、芸術などのいろんな話をする。

「虹に性別があることを知っていますか？」

「マイルズ・デイビスのトランペットは詩を奏で上げます…」

「ファン・ゴッホがひまわりの絵を描いたとき…」

生徒たちは自分の知らない世界を興味深そうに聞いていた。そのうちに話の内容がその日の授業のヒントになっていると気づいたようで、さらに楽しんで聞いてくれるようになった。

毎時間、何を話そうかと考える私にとっても楽しみになった。

いろんなものにつまずきながら、それでもどうにか進み始めたように思えた。

❐——推参なる山口先生を倒す

連休も明け、いよいよ本格的に文章の内容や言葉に深くこだわる授業が始まった。それにしてもこんなに自分の言葉で喋ることができないなんて、思いもしなかった。新しい授業が始まって一カ月、もしかしたら自分の中に確たるものが何もないのかもしれないと打ちのめされつつある生徒同様に、私も大きな壁にぶつかってしまった。演劇部の一〇名を初めとして、生徒会にも四名が参加しているわがクラスの場合、たとえ強い個性に欠けるメンバーだとしても、今の若い世代を少しは抜け出しているはずだと、私自身自負してきた。しかしそれが大きな錯覚であったことを認めざるを得ない。

確かに彼らは毎時間語句の意味を調べてきて、質問されれば辞書に書いてある通り真面目に答えるが、「文章に沿って自分の言葉で答えてください」と言われると、途端に口を閉ざす。なんとか答えたとしても、「漠然とし過ぎて判りにくいから言い直してごらん」と言われると、的確な言葉が見つからずに立往生してしまう。

「どんなに調べてきても、自分の言葉で喋れなければ何もならない。つまりそれは理解していないのと同じことだ。真に理解していれば必ず自分の言葉で言えるはずだ」

その言葉は彼らの最も痛いところを突き刺したようで、誰もが真剣な表情で前を見つめていた。またそれぞれが自分独自の考えを持っていないという点も、授業の中で鋭く指摘された。友人の意見に対し、「今の意見と同じです」と安易に言うが、「どう同じなのか」と質問されると、やはり沈黙するか、同じとは言えない意見を平然と発言する。かなり活発なメンバーが意見を言おうとする姿勢は認めるとしても、友人の意見をきちんと聞けないから発言による積み上げができない。そんな彼らに私たちは〝カラオケシンドローム〟と名づけて、「他者の存在を無視するな」と何度も注意せざるを得なかった。

四月当初、より高い段階に向かって自分を磨いていこうと張り切っていたメンバーも、私たちの理不尽とも言える要求に息切れし始めた。私は自分の授業（国語表現）で森鷗外の『高瀬舟』に取り組み、テーマを考えさせようとしたが、小説の中の言葉を抜き出してまとめようとするので、作者の気持に寄り添えない。語彙不足が障害となって作品の世界に深く入り込めない彼らの実態に唖然としながら、私もまた疲れ果てていた。しかし私自身も安易に妥協するわけにはいかない。山口先生に否定され続けるのはさぞ苦しいことだろうが、要求レベルを下げるなら、彼らはより卑屈になるに違いない。だからといってこのままでは彼らも行き詰まってしまう。憂鬱な気持で学級日誌を開くと、癖のある字でこう記している。

「推参《すいさん》なる山口先生を倒す」

発言することはほとんどない男子生徒の言葉だ。笑いながら山口先生に見せると、ひと言書いて返してきた。

「言葉には責任を持て。倒すと言ったからには必ず実行してください」

翌日、「どうして山口先生に見せたんですか」と、私はさんざん彼に恨まれてしまった。その彼に、「早く実行して欲しいからよ」と、私は追い打ちをかけた。

初めての小説『任意の一点』(開高健)を読む

——山口記

最初の小説だった。

開高健氏の宝石のような言葉から寓話性の強い世界を立体的に読み取り、主人公の虚無的な生き方を自分の現在の立場としてとらえて欲しかった。

「意識的に授業に参加しない人は、小説の中の大衆と同じです」

「君たちは小説を読んだことがあるのですか？」

「字だけをなぞっても小説は読めませんよ」

などと生徒を挑発する発言をくり返した。そのたび生徒たちは反発の表情をするが、貝のように口を塞いでいるだけだ。私に感情をぶつけてくれればやり易いのだが、生徒たちは耐えるように口を閉ざし続けた。その口をどうにかしてこじ開けねばならなかった。

言葉の意味を確認する習慣は徐々に身についてきているようだが、辞書の意味を棒読みする姿勢はあまり変わらない。自分の言葉で言い換えさせたり、具体例を挙げさせようとすると言葉に詰まり、どうしたらいいのか判らなくなる。ひどい場合は辞書に書かれていることが理解できないので、言葉の袋小路にはまり込んでいく。

目標を持たずにただ日常を生きて周囲に流されていく主人公を自分自身と重ねようとしない。小説世界は現実とは無関係だとでも思っているようで、与えられた課題を「せやんけんせやん」（言われたから仕方ない）と諦めた表情で消化していくことに馴れきっている、そんな生徒たちに苛立ちを覚えた。輝いていない生徒たちに腹が立った。

私に対して反発心を持っている演劇部のアキフミ、サトシ、ユキらを中心に発言も増えてきたが、私と発言者の点の対話に終わり、生徒間を繋ぐ線の議論ができない。生徒たちは自分の意見を言うのに一生懸命で、他人の意見を聞いていない。私を意識して発言をしてくる。どうだと言わんばかりに発言するときもある。

それなのに発言に対して正誤の評を得られないと不安になるらしく、私の顔色をうかがいながら評価をじっと待っている。しかしあえて無視する。発言の正誤決定は生徒同士で確認させたい。教室に重苦しい沈黙が続くが、生徒が動き出すまで決して口は出さなかった。

課題の作文を提出する者も週ごとに減っていった。提出された作文もおざなりな内容ばかりで、真剣に書いているとは思えない。このひと月での私の要求は生徒のキャパシティーをはるかに超えているようだった。仕方なく作文を中止して様子を見ることにした。

「今の君たちは、ただ言葉を弄《もてあそ》んで作文を書いたような気になっているだけです。そんな文章を私も読みたくありません。君たちが自分の言葉で、書きたいと思うようになるまで作文は中止します」

生徒たちはほっとしたような、悔しいような複雑な表情をしていた。

授業では澱《よど》んだ沈黙と、生徒を挑発する私の発言が続いた。このままでは生徒に劣等意識を植えつけるだけになりはしないだろうかと思ったが、竹島先生と相談の上、しばらくこのスタイルで様子を見ることにした。時間も限られているし、課題は山積しているのだが、土台造りはしっかりしておかねばならない。しかし私の気づかないところで生徒たちは遅々としてではあるが、確実に変わり始めていた。

□――もっとハードルを高く！

それから数時間は自信を失って萎縮した彼らが息苦しく黙り込む授業が続いた。それでも私たちは、もうしばらくはこのまま続けてみようと話し合った。すると追い詰められるのを覚悟で、アキフミやサトシ、そしてエリやユキが一生懸命予習してきては、自分の意見を言う努力をするようになり、そこに元来、あっけらかんとした運動部のメンバーが加わって討議らしきものも始まった。相変わらず少々萎縮してはいるものの、徐々に自分の言葉が増えることを楽しんでいるのだろう。言葉ノートを作って新しい言葉に出会うたびに急いで書き取る生徒も現れた。発言の中にも「きみのロジックは…」などの言葉が自然に入り始めている。

また「知識がない、常識がない」と言われながらも、授業中の話をおもしろがる知的好奇心も強くなってきた。最初のうちは山口先生に対する反発や言い返してやるという屈折もあったが、もうかなわないと思ってからはかえってのびやかに発言し、話を楽しんでいる。たどたどしくはあっても時には議論らしきことも始まって活気が出てきた。

この頃の学級日誌を見ると、彼らの変化がよく判る。

「最近、現国の授業が楽しい」

「一日が短すぎて時間が足りない」

「ぼくの日本語は正しく使われていますか?」

言葉を覚え、何とか使っているうちに、今まで知らなかった新しい自分の存在に気づき始めているようだ。山口先生の要求に応えようと精いっぱい背伸びをすることで、彼らの視点は一段高くなったのだろう。視点が上がれば当然、視野も拡がる。ようやく自分が獲得すべきものは何なのか、その目標がぼんやりとであれ、見え始めているのではないか。

授業中に投げつけられる厳しい言葉に、簡単に腹を立てたり諦めたりしなくなった。やはり乗り越えるべき〝壁〟は高くなければ意味がない。簡単に克服できるのであれば、それは〝壁〟にはなり得ないのだから。授業中に彼らが笑顔を見せるたびに、私はもっともっとハードルを高く上げてみたいとひそかに願っていた。

あいかわらず山口先生は容赦なく彼らを追いつめているが、彼自身も気づかないうちに授業中はよく笑う。そしてそんな先生の変化を生徒たちは敏感に感じている。私はホームルームの時間を使って、「現代文の授業をどんな気持で受けているのか、率直に書いてみて」と原稿用紙を配ってみた。

▨山口先生の授業形態に初め戸惑いと苛立ちがありました。「何でこんな授業受けなきゃいけないの？」と授業中もただそこにいるだけで、発言など絶対したくないと思っていました。それでも授業中、発言する者の意見は聞こうと思っていたので、耳を傾けていると「あんたバカじゃない？」と思うような発言に苛立つことが増えてきました。

私は現代文の授業が終わり休み時間になるたび、仲の良い友だちと口々に「あいつバカじゃない？」などとけなしていました。しかし発言もしないのに、発言している者たちをけなす権利はないと友だちに指摘され、それからは「自分に負けたくはない、山口先生を納得させたい」と思うようになりました。それでも皆の沈黙が続く間に発言をするというのはとても勇気がいるし、怖かったです。そのとき自分が発言していた者をバカにしていたことをとても恥ずかしく思いました。（女）

▨今までに出会ったことのないような同級生や先生にも驚いたし、何しろ授業態勢に圧倒されました。「この人たちはいったい何を考えているんだ。田原総一郎の番組じゃないんだから、そんなに深く考える必要はないだろう。もうこの空気には耐えられない」と思っていました。しかしあるきっかけで自分が発言を要求され、それに苦しみながらも答えているうちに、発言するおもしろさというものを知りました。間違いだと判っていてもいい、とにかく自分の意見を最後まで貫き通す、その力が今の自分たちに最も求められているものだと知りました。(男)

▨私は授業中に一度も発言したことはありません。何を考えていたと言われても、私は何も考えていなかった気がします。「今日は天気がいいな」とか考えていました。自分が何でこんな場所にいるのか判らないっていうのもありました。でもそれは月日が流れるにつれ消えていきました。問いかけられた質問を考えるようにもなりました。はっきりした答えでなくても、自分の中で「これが答え」って思っただけでも違った見方ができます。それを面白いと感じることができるようになっていきました。(女)

▨昔から国語だけは点数が良かったので自分勝手に「私は読解力があるんだ!」と思って自惚《うぬぼ》れていました。でもそんな私に焦りが襲ったのは新しい授業態勢になってたった四回目のときです。これはすごく衝撃が走ったから絶対に忘れません。自分と同じ年齢の同じクラスの人が意見をぽんぽん言い合っているのです。簡単に考えていた私はどんどん授業に取り残されていき、一番好きだった授業が一番嫌いな授業になっていました。

私はその自分の小さな変化に気づいたとき、気が済むまでずっと考えました。考えた結果、私のイライラは先生や周りに対するものじゃなく、自分に対する悔しさだと判ったのです。「授業は甘くない」と宣言した先生の言葉を勝手に甘く考えていたのは自分だし、判らないから、やりたくないから、それなら逃げるという方向に向かっている自分に対してムカついていたので、理由が判ったら解決できる！と自分で案外楽天家なんだなあと思いながら、授業で発言はできないとしても、みんなのひと言をきちんと考えるようにしようとしたら、不思議につまらないと感じることがまったくなくなりました。（女）

▨山口先生の授業が始まった頃、クラス全体が戸惑いを覚え、沈黙することが多くありました。指摘の内容は正論だから認めるしかないけれど、何もやっていない自分を否定するわけにはいきません。そのアンビバレンス状態が沈黙になったと思います。その中に存在する自分が許せませんでした。また同等に周りの友人を憎みました。この矛盾に対する怒りが現代文においての原動力になりました。

しかし授業数をこなしていくうちに、内容を理解することが自分の充実につながることを実感できると楽しくて仕方がありませんでした。たまに山口先生に八つ当たりをしてしまうこともありましたが、他者への怒りは結局、自分への怒りだったと認識できたので、友人を憎むことが辛かった僕は楽になりました。
山口先生の性格ははっきり言って嫌いです。しかし技術や考え方は認められる部分があります。その一点さえあれば、他の部分はどうでもよく、その人に敬意を持って接することができるようになりました。「信用」とはそんなものだと思います。(男)

時計の音が響く教室（『ミロのヴィーナス』清岡卓行）

――山口記

「ミロのヴィーナスは両腕がないからこそ美しいのだ」という逆説的なテーマを読み解くために、議論を展開していった。「特殊」と「普遍」の違いを発言させたときなどは討論らしき形を取りつつあった。

判りやすい評論だったためか、的確に内容を把握する生徒が何人か目立ち、ふたりの女子生徒が中心になって発問に答えていった。そのひとりがエリで、この頃から積極的に授業に参加し発言をしようという意欲を見せ始めていた。そのために予習をし、エリの教科書やノートにはたくさんの書き込みがしてあった。入学時の倒れるような表情とは打って変わって意欲的な目をしていた。発言をし始めたみんなに追いついていこうと必死だった。この評論のポイントをつかんだエリは、的確な答えを返すことが自信になったようで、発言することを面白がり、堂々と発言するようになった。

そんなふたりを見て、他の発言者が焦りを感じ始めた。発言をしても私に却下され、どうしても思考がついていけないもどかしさと、ふたりの発言に対する焦りと悔しさが感じられる。しかし諦めずに食いついていこうとする真摯な態度が伝わってきた。まだまだ点の発言ではあっても、どうにか討論らしきものができそうな形になっていった。

クラス内の一部では発言することを完全に放棄する生徒も見られたが、授業を放棄したわけではなく、発言者の言葉に耳を傾け、表情は真剣に考えているようだった。

発言ができずに沈黙が続く日もある。五分、一〇分、ひどいときには二〇分ほど沈黙が続く。教室の時計の音だけがコチコチと響いている。考えて発言できないのならまだしも、考えずに発言をしない。自分が発言をして恥をかかなくても、誰かが代わりに発言をするとでも思っている。そんなときにがらりとスタイルを変えて、丁寧に板書をしながら指導書に書かれているような解説をし、「以後こんなスタイルに変えましょうか?」と生徒たちを挑発する。

「やっと発言をできるようになったんです。今までのスタイルを続けてください。このまま終わるなんて、そんな悔しいことはイヤです」

アキフミとユキがそう言った。

❐——考えることを楽しんで！

ようやく待ちに待った『赤い繭《まゆ》』の授業が始まった。この作品は不思議なほど生徒に考えるきっかけを与えてくれる。日常から遊離したかに思われるこの小説の世界に、どの生徒も最初は必ず違和感を覚え拒絶する。

「こんなこと考える人は現実に絶対いない。こんなヘンな小説は嫌いだ」

「どこか狂ってるに違いない」

一読して口々に感想を言っていた生徒たちも丁寧に読み進めているうちに、自分と重ね合わせて考えざるを得なくなる。そして本を読むことのおもしろさをいつの間にか実感するらしい。視点を徐々に上げながら自分たちの可能性を拡げつつある彼らが、果たしてどう反応してくるか、私は楽しみでならなかった。

予想通り最初は「ワケ判らん」と言い合っていた彼らも、山口先生の一語一語にこだわる問いかけに次第に興味を抱き始めた。一見関係の無いような話から入る授業の導入の仕方にも、強い好奇心を持って聞くようになった。

「アカという字を幾つ書けますか？」

この単元に入ってすぐの頃、山口先生はその言葉で授業を始めた。三字ほどで生徒たちが行き詰まったところで、先生は次から次へと黒板に漢字を書いていく。すると教室から、「おー！」という歓声があがった。四月当初は、自分たちが知らないことを突きつけられるとバカにされたように感じて嫌がっていたが、今では新しい知識に触れることが快感でもあるらしい。成長するために知的好奇心は絶対不可欠だ。嬉しそうな表情で黒板を見ながら騒ぐ彼らに、山口先生は静かに質問した。

「こんなにたくさんのアカの字の中から、なぜこの〝赤〟という漢字を選んだんだろう」

騒がしかった教室が一瞬静かになり、今度はあちこちで、「そう言えばなんでやろ」とか、「やっぱ、ちゃんと意味があるっちゃろね」などと相談し始めた。「何でも当たり前と思うな、まずなぜ？と考えてみる」と、山口先生はよく口にする。その言葉に込められた思いを、日々の授業の中で生徒たちは少しずつ理解しつつある。

再びざわざわと騒ぎ始めた教室を眺めながら、私は、「そうだよ、うんと考えて！　考えることを楽しんで」と心の中でくり返した。

「先生、なんで安部公房はこの〝赤〟を使ったんですか？」

誰かが質問した。

「知りません。自分で考えてください」

その言葉と同時に、教室のあちこちから質問した生徒にヤジが飛んだ。

「教えてくれるわけ無いやん。オマエまだ判らんと」

彼らも山口先生のやり方をどこか楽しみだしているのだろう。教室にもずいぶん余裕が感じられる。そして積極的に発言し始めた彼らの荒唐無稽な答えに、クールな山口先生が涙を流して笑う光景も見られるようになってきた。

やっと動き始めた（『赤い繭』安部公房）

――山口記

早くも教室にはクーラーが入る季節になっていた。計画は予定よりもずっと遅れていた。安部公房の『赤い繭』。この作品は教科書で五ページしかない短いものだが、いつも一〇時間以上をかけてじっくりと読んでいく。この小説をきっかけに文学に興味を持った生徒も過去多数いた。そして今年の生徒たちにとっても大きなポイントになった。

どのポイントからでもこじつけて発言することができる内容のため、独自の論理を展開しやすかったのかもしれない。アキフミ、ユキ、サトシ、エリらが中心となって抽象的内容に関する思考を楽しみながら競い合って手を挙げ、議論らしい言い合いをするようにもなっていった。

「家と道の成立と関係について意見を述べなさい」

アキフミとサトシが次々に言葉を発し、議論をしていく。家と道はそもそもどちらが先に成立したのかという議論で、アキフミは道が先だと言い、サトシは家が先だという。

「家というのは目的であって、それをつなぐものが道なんだから、家が先にないとおかしいんじゃないと?」とサトシが言えば、

「でも道がないと家は建たんちゃないと? 道がないと人は通んねえし、人が通んねえと道はできんちゃなか? オレはね、道は人間関係て思うと。人間関係をつくらんと集団や秩序、つまり家ね、そういうものは成り立たんと思うよ。個が作るのが集団なんだから。だから道が先にできねえと家は建たない」とアキフミが自分の意見を言う。

そんなふたりを周囲の生徒たちが羨望と苛立ちの表情でじっと見つめて耳を傾けている。自分も発言して参加したいのにできないもどかしさが私に伝わってくる。アキフミとサトシは議論にどう決着をつけて良いのか判らずに迷い始める。そんなときだけ私が進む方向を示してやり、あとは喋らせるままに放っておいた。

「肉体と精神の相関関係について説明しなさい」

アキフミとサトシ以外にも数人の生徒が参加して、自分たちで黒板を使いながら議論を重ねて授業を進めていった。ひとりの男子生徒が前に出てアキフミと対立する意見を説明した。その意見は判りづらく、みんなの賛同を得られそうにもなかった。それでもその生徒は必死になって判ってもらおうと説明する。それに対してアキフミは、

「そんなごちゃごちゃ言っとっても判らんやろう。考えすぎて神経性胃炎になる人間と同じで、精神が肉体に影響を及ぼして、肉体が破綻していくと。判る？　オマュはだいたい肉体と精神ば分けて考えとるけんおかしかと。それじゃあ、話にならん」と意見を寄せつけず、傲慢にも言い返す。そう言われると、その生徒はもごもごと言って引き下がってしまう。アキフミの言い分は正しいのだが、その言い方が気になった。アキフミを主体にしながら議論を展開していくのが今は早道なのだろうが、アキフミをどう修正していくかが私の課題になった。

それでも授業はだいぶスムーズに流れるようになってきた。私はひとつの材料を提示するだけで、生徒は材料を思い思いに料理し、互いに味を比べ合った。発言に参加しない生徒も首をひねったり、表情で少しだけ意思表示をするようになってきた。ただ意見をまとめようとする生徒の存在が無く、頻繁に横道に逸《そ》れていく。それでもなるべく口出しをせずに右往左往する意見を静観していた。自分たちで授業を組み立てようと生徒たちも必死だった。

この頃から授業の初めの私の話に強い興味を示すようになってきた。

そこで私は「色の『アカ』を表す漢字をいくつ書けますか？」などと、なぞなぞのような話をして生徒の興味を引きつけ、授業に滑り込んでいくという方法を取った。なぞなぞの答えを教えてやることもあれば、そうでないときもある。どちらにしろ生徒は関心を持って考えているようだった。

この単元で発言をすることへの抵抗が薄れたように思う。自分の意見を披露することが楽しくなっているようだった。

そして最後に自分の意見を客観的にとらえ、まとめるために文章で総括をさせた。作文を中止したにもかかわらず、文章は格段にうまくなっていた。話すことと書くことは根本的に同じなのかもしれないと思った。

◆安部公房『赤い繭』総括（抜粋）

Q1、なぜ「赤い繭」なのでしょう？　「赤」「繭」でなければならない理由が何かあるはずです。それは何でしょうか？

■生きる理由も死ぬ理由も判らず、ただ歩き続けなければならないおれ。そして最後に残ったものは何もない。赤には「虚しい」「何もない」という意味がある。それは他の色にはない裸のさみしさだ。この色で人間疎外に迷うおれの気持が浮き出てくる。蚕が自らの体から繭を作りだすように、おれの体から繭ができあがった。蚕は孵化《ふか》すれば変化するが、おれの繭の中には何もない。そんなおれの虚しさは「赤」と「繭」以外では表すことはできないだろう。

Q2、彼は繭を拾ったあと、息子の玩具箱に入れますが、なぜ娘でもなく、他の場所でもなく、息子の玩具箱なのでしょうか?

■女性は自分の存在があって子どもが産まれたと実感できるが、男性はそうはいかない。だから彼女ではなく彼が拾った。存在の確かではなかったおれと、そこで共鳴した。なぜ息子かというと、息子も男で、彼のように確かな存在を得られずに同じ道を歩いていくからだと思う。

Q3、彼は踏切とレールの間で繭を発見したとき、最初腹を立てます。そしてすぐに珍しい拾いものをしたと思い直すのですが、なぜ最初、腹を立てたのでしょうか?

■この世界ではおれのように繭ではなくても何らかの形を通過して子どもから大人に成長し集団に組み込まれる。彼は集団に組み込まれたひとり。その彼が繭のまま成長しないおれが秩序を乱していると腹をたてた。

Ｑ４、作者は彼にレールの間で繭を発見させています。なぜその場所にしたのでしょうか？
■レールはおれの人生で自分の理論を持ち続けること。踏切の向こうは秩序ある世界。おれは生きるために自分の理論を閉じこめた。レールにも戻れないし、秩序ある世界にも入りたくなくて中途半端だから。
■線路という狭く永遠に続く空間が今まで彼が歩き続けた秩序で固められた世界と似た空間だったから。
Ｑ５、『赤い繭』のテーマは何だと思いますか？　20字以内で書いてください。
■何かに帰属することが自己喪失につながる。
■主体的に生き続けることの困難さ。

❐——夏休み課外での試み

夏休み課外は、一学期の授業形態を継続させていくことにした。一学期の終わり、何かをつかみつつある彼らをもう一歩先に歩かせたい。安部公房に興味を示した彼らに、もっと思考するおもしろさを体験させたい。かつてのように大学受験のための演習をせざるを得ない状況ならばともかく、現在の大学受験のあり方を考えれば、むしろ知識偏重の授業よりも思考力を鍛えていくことが先決だろう。卒業しても学び続ける意欲的な青年になって欲しい、そんな思いから題材は安部公房を中心に、山口先生に選んでもらった。

真夏の四作品——山口記

かしましい蝉の声と照りつける太陽の下、生徒たちにとっては高校生最後の楽しい夏休みが始まったが、今どきの高校生たちはのんびりとしてはいられない。時間は待ってくれない。時間を有効に使えない原因のひとつに生徒たちの持続力のなさがある。授業でも、初めはだらだらとして半ばを過ぎてようやくのってくる。一週間を見ても月曜は特に悪い。それが木曜あたりになると調子が出てきて、土、日を挟んで月曜になればまた元に戻る、というくり返しだ。せっかく発言が多くなったことだし、つかみつつあるペースを崩したくはなかった。高校三年生ともなれば夏休みには受験のための知識的な課外をしなければならないのだろうが、授業の延長としての課外授業を行うことにした。

参加者は一五名ほど。スポーツ部の生徒たちは最後の大会を控えて参加できないことを残念がっていたが、演劇部の発言中心メンバーは全員参加していた。七〇分の授業を一日に二時間続けて行った。生徒も初めての七〇分という時間を経験することにやや不満げであったようだが、思ったよりも内容の濃いものになったため短く感じていたようだった。

照りつける陽光と突き抜ける青空を横目に、小説とエッセイを交互に四つの作品に取り組んだ。

『鞄』――安部公房

『赤い繭』を面白がっていたので、同じ傾向の作品を選んだ。内容を把握させ、理解に導くにはレベルの高い教材ではあったが、議論をさせ合うには適当だった。

正規の授業と同じく言葉にこだわり議論し合った。このときにはもう言葉を調べることへの面倒臭さはなくなっていた。それに何をどう調べればいいのかが少しずつ判ってきているようだった。「言葉ノート」というものを作って自分に合った方法で言葉を習得していこうとする生徒もでてきた。

課外でもアキフミが発言の中心者となっていた。ユキやエリやサトシが発言をしても、アキフミに反論されると黙ってしまう。自分よりも多く発言をするアキフミが正しいのではないかと思うらしく、自信を持って発言ができなくなっているようだった。アキフミに理論的に対抗する生徒が早く出てきて欲しかった。

『「ふしぎ」ということ』――河合隼雄

理解しやすい内容になると生徒が満足できないようで、議論できないことへの不満が見えた。他人と議論することに重点を置きすぎて、自分に目を向ける作業が足りないのではないかという不安はあったが、喋るときに喋らせてみようと考え、この教材はさっさと終わって次に進んだ。

『公然の秘密』――安部公房

夏課外の中で、白熱した議論が展開された教材だった。生徒同士の議論よりも私対生徒の議論が多かった。理屈をつけることに長《た》けてきた生徒の鼻っ柱をへし折るのには、実に適した教材だった。

四月は私に言い返されると黙り込んだ生徒たちも引き下がらなくなっていた。なんとか論理の隙を突いて言い返そうとする。勝てないと判っていても諦めないだけの強さは身についたようだ。しかし発言にもっと具体性を持たせたいと感じた。

驚いた発見がひとつあった。生徒たちが小説を映像的に読めないということだ。小説を読むときには当然、頭の中に映像が浮かんでくるはずだと思っていたのだが、なぜ映像が浮かぶのかと、アキフミなどは逆に不思議がっていた。映像が浮かばないことが私自身、信じられなかったので、ある場面を絵に描いてみるよう指示した。結果に驚かされた。全員違う絵を描いたのだ。当たり前だと言えば当たり前のことなのだが、ここは誰が描いてもこうなるしかないだろうという確実なところも間違っている。つまり文章を正しく読み取っていないのだ。

七〇分全部使って全員で黒板にひとつの絵を完成させるように指示をした。完成しなかった。ひとりも読み取れなかった。いや読み取れている者がいたとしても、読み取れなかった者の意見に潰されたのかもしれない。ここにきて文章を客観的に読みとることができない生徒たちの問題が新たな壁となって私の前に現れた。

『恐怖とは何か』――岸田　秀

抽象的議論ではなく、自分の体験をもとに自分を語る発言をさせてみた。
「恐怖とはどういうときに感じますか？　体験をもとに説明しなさい」
不思議なことに、自分のこととなると、口数が急に少なくなる。特に現在の自分を語ることができない。過去の、特に小学校入学前の幼少期の自分が語りやすいらしく、その時期の話をよくするのだが、記憶は美化され、書き換えられているため説得力がない。その点を指摘して、現在の自分に引きつけて発言するように促すと、戸惑って語れなくなる。なぜなのだろう？　恥ずかしいのだろうか？

それならば書かせてみてはどうだろうかと、作文を課してみたが、自分に甘えた作文ばかりが提出された。

例えば自分がイジメられたことや不登校だったときのことを書く。現在の自分は立ち直っているので冷静に、美化しながら書くことができる。そんな文章を書いて欲しくはない。

「今の自分を書いてください。私は過去の君たちに興味はありません。今の君たちを見たいのです。今の自分を客観的に見つめてください」

生徒たちは書けなかった。

生徒の意識の新たな問題点を見いだしたようで、二学期からの授業をどう進めようかと頭を抱えた。

夏課外終了時点で、第一段階は間違いなくクリアできたようだ。しかしこのレベルで満足してもらっては困る。新たなる高みを目指してもらうために、二学期はさらに授業のレベルを上げてみようと思った。

❐――目前の進路に焦る

三年を担任するたびに、私は進路を決定する時期に生徒が急に大人になっていくおもしろさを味わってきた。自分の意志で将来を決めていくことで、知らず知らずのうちに自立していくのだろう。特に大学進学など考えられなかった生徒が大学に行きたいという願いを抱いて努力し始めると、驚くほど変化したものだ。しかし現在のように希望さえ下げればどこかに行けるという状況では、生徒の中にも以前のような緊張感はない。かつては希望通りに進学できないという挫折感が努力する姿勢を獲得させたのに、今のように大学の入口が広くなってしまっては自分自身に挑戦する醍醐味を体験するのは困難なことだろう。

しかしそれはあくまでも私の思いであって、彼らは彼らなりに焦りの中で葛藤していた。一〇人程度の就職希望者は夏休み後半からいつにない真剣さで山口先生の面接指導を受けている。進路部で就職指導をしてきた山口先生が就職組の世話を引き受けてくれたのだが、放課後の教室で徹底した指導を受ける彼らは、まるで本番のように緊張で顔をこわばらせていた。それが馴れてくると、日頃はおとなしい生徒までが堂々と長く喋り始めるのに驚いた。たとえ授業中発言しなくても、心の中で言葉を綴っているのだろう。クラス環境が個人にもたらす影響の大きさを改めて感じた。

　残り三〇名は大学と専門学校希望が半々というところだが、特に四年制大学を希望する生徒たちは不安を抱えながら推薦資料の作成に追われ、余裕なく生活していた。その結果、現代文の授業中も集中することができず、思考を深めていく作業はおろそかになっている。

「授業での思考訓練が小論文を書く力の基礎になるのだから、たとえ少々きつくても目の前のすべきことを丁寧にしていくべきだ」と何度か話したが、今まで本気で勉強したことがないだけに気持だけが焦ると言う。夏休み前、安部公房の『赤い繭』で議論らしきものができる段階まで成長していただけに残念でならない。しかし柔軟に対応していくキャパシティーがない以上、まずは現実的な作業に集中させていくしかないだろう。私も担任として、小論文指導や調査書作成に追われる日々が始まった。

――――――――――――山口記

自分から逃げるな（『文学のふるさと』坂口安吾）

　長い夏休みが終わった。

　思った通り弛《ゆる》んだ表情が並んでいた。しかし弛んだ表情をそのままにしておく余裕はない。

現実的な進路の問題が生徒たちを追い立て始める。就職の生徒ならすぐに試験が始まるので、そのための勉強や面接の練習をしなければならない。しかしそれはそれとして授業は今まで以上にレベルを上げていくつもりだった。

「文学のふるさとは人間の絶対的な孤独の中にある」という坂口安吾の評論をもとに人間の心の中にある根源的な闇について考えさせた。

「人はなぜ生きるのか」

「文学とは何か」

「人に文学は必要なのか」などの生徒の現実生活とはまったく関係の無いことを問いかけて、自分と照らし合わせて考えさせるようにした。その作業は思ったよりも大変だったようで、途中で諦めてしまう生徒が多かった。言葉はなんとなく理解できるのだが、それが自分の現実とどう関係しているのかを考えると自信もなく、どうでもいいことに思えてしまうようで思考を放棄してしまう。

それでも執拗に追いかけた。

「君は何のために生きているのですか?」

「何のためにここに座っているのですか?」

手をゆるめずに発問し続けていく。答えにたどり着かなくても何とかしようとするのだが、生徒たちは自分の現実にぶつかり、力不足を痛切に感じているようだった。

安吾の言う「モラルがないことがモラルだ」「救いのないことが救いだ」ということが理解できずに苛立ち、必死に言葉をつないで模索を続けるのだがたどり着かない。私が説明しても自分たちの現実と関係ないと思っているためか、うまく理解できないようだった。

それにこの時期から授業に集中できない態度も見受けられ始めた。進路獲得という現実が生徒たちに迫っていることは事実なのだが、ここで逃げ出してしまえばせっかく積み上げてきたものが崩れてしまう。私は今までと同じスタイルを、いや今まで以上に厳しい態度で授業に臨んだ。

❐——最後の舞台だから

九月は就職試験を受ける生徒を中心として慌ただしく過ぎていき、一〇月は一四名の生徒が最後の演劇公演の練習に精力を使い果たしていた。最も心配していた就職組一〇名ほどが全員合格し、皆で喜び合ったが、今度は進学希望者がプレッシャーを感じ始めたようだった。まして大学希望者が多い演劇部の場合、練習しながら小論文指導を受けるという生活で不安もあったと思うが、やめたいという者は誰ひとりなかった。

「僕たちのときも夜の体育館で論文書きながら練習してたよ。そうやって先輩たちもちゃんと進学していった」

梅野の言葉に励まされながら、夜遅くまでの練習は続いた。そして私は無理をさせていると思いながらも、彼らに要求した。

「最後の舞台に立ちたいと言ったのは君たちなんだから、進学の勉強と両立させるのは当然だし、授業の予習もちゃんとやるべきでしょう」

精神的にも肉体的にも余裕のない彼らにとって、かなり苦しいことだったに違いない。しかしともすれば緊張感を持続できなくなる彼らにとって、追い込まれていくことも必要だろうし、たとえ無謀だとしても、やりたいという彼らの熱意を形にしておきたいと思ったのだ。ただ自分の体験を生かしてカウンセラーになりたいというエリは、英語の個人指導を受けるため裏方に回った。夜の教室でひたすら勉強するエリと、体育館で練習を続ける部員たち、一〇月の終わりまで目まぐるしい生活は続いた。

すべてが終わってゆっくり生活している就職のメンバーは別として、クラスの他のメンバーも試験日が近づくにしたがって緊張のあまり落ち着きを失っている。現代文は梶井基次郎の『檸檬』だったが、余裕のない彼らには微妙な心理をたどる集中力が持てず、山口先生をすっかり失望させてしまった。

停滞した秋（『檸檬《れもん》』梶井基次郎）――山口記

受験勉強の真っ最中、演劇部は地区大会も控えている。集中できていないのがよく判った。しかもテキストは梶井基次郎の『檸檬《れもん》』。時期が悪かったかとも思ったが、次にステップアップするためにはどうしてもくぐり抜けて欲しい関門だった。現実が厳しければ厳しいほど強い精神力を、思考する力を身につけて欲しかった。現実に甘えて欲しくはなかった。

この文学的完成度の高い作品には手も足もでなかったようだ。まったく理解できていなかったし、理解しようともしなかった。時代背景はもちろん、京都という場所や丸善という店の匂いも知らない。しかしイメージすることはできるはずなのに、自分とは関係ないと思って無関心を装っている生徒に、私自身が苛立っていた。

アキフミはあからさまに、「判らんけん、さっさと先に進みましょう」と思考を放棄した発言をくり返した。そのたびに思考することの重要性を説き、忙しい現実の前に文学なんか無力なんだ、必要すらないんだという顔をした生徒たちをなじり続けた。

「この程度で考えたなんて言わないでください。君たちは何も考えていません。もっと考えてください。自分に妥協しないでください。妥協なんてものは大人になっていくらでもできます。今はとにかく考えてください」

しかし生徒の耳にどれほど届いたのだろう。目の前には現実に負けないようにがんばっている（つもりの）生徒がいるだけだった。

残り少ない授業時間でどれだけステップアップさせられるのか、最終目標に到達させるためにはどうしたらいいのだろうかと頭を抱え、私は自問し続けた。

第VI章

そして…旅立ち

――二〇〇一年～二〇〇二年

――授業を通して共に何かを創り出す

❐——落ち着きを取り戻した教室

一〇月の終わり、演劇部の公演には就職が決まった生徒や、部員の親しい友人たちが何人も顔を見せてくれた。彼らの最後の公演ということで古川夫妻はもちろんのこと、すっかり親しくなった保護者同士もあちこちで語り合っている。楽屋には先輩たちが次々に来てくれた。公演後は会場の外に出て、広島から駆けつけて来た江口や、演出の梅野を囲むように大きな輪をつくって反省会をしたが、他の先輩や保護者たちも笑顔で彼らを見てくれていた。

「あなたたちって幸せね」

「はい、とっても！」

多くを語らずとも私が何を言いたいのか理解している視線が心地好く、保護者たちも傍らで大きくうなずいている。いろいろな人との関わりの中で私たちが生きていることを忘れて欲しくないと思いながら、私は帰って行く彼らに手を振った。

演劇も終わり、ほぼ全員が試験の手続きもすませた一一月中旬、生徒たちもようやく落ち着きを取り戻してきた。早く試験を受けたメンバーが次々に合格していくことが、教室を明るくしてくれている。特に英語の試験なのでまず無理と思われていたエリが関東の大学に合格したことは皆を喜ばせた。中学時代には周りから認められなかった生徒が主流のクラスの場合、身近な友人が評価されることも自分たちの自信につながるようだ。

「いよいよこれで終わりか」と思いながら、現代文の最後の単元に入る前に、私は彼らに言った。

「これからが受験のメンバーもかなりいるけど、とにかくこの津島佑子さんの評論で終わるかもしれないから、この八カ月の総括をするつもりで読んでください」

「これで終わりというのは納得できないから、もう一単元やって欲しい」

意外なことに、生徒たちからはっきりとした声が挙がった。その言葉に私も期待しながら、今まで以上に丁寧に彼らの表情を見ていくことにした。そして最後の単元に相応しく、この『理性としての眼』は、私に彼らの成長と問題点を教えてくれることになった。

授業中「主観、客観、理性、感性」などの抽象概念をなんとか自分の言葉で理解しようと発言している彼らを見ていると、三年になってからのわずかな時間の中でよく成長してきたものだと思う。他者の意見を受けて自分の意見を言う、また発言しながら自分自身の誤りに気づき自ら訂正するなど、意識的に喋ることができるようになってきた。その姿に私は驚くとともに感動さえ覚える。

しかし改めて見えてきた問題点も多い。

まず、他者の意見に対し、違うと思ったらはっきりと指摘するが、なぜか共通点を見つけ出せず、自分たちでまとめることができない。どうやら他者との違いには敏感だが、互いに共通点を見つけ出すことには鈍感なようだ。誰かの意見を修正しながら新たな自分の考えをつけ加えていく作業をしないので、それぞれが少しずつ違うことを言って平行線のまま終わってしまうのだろう。

また書かれていることを自分の現実に置き換えて考えようとしない。本人は精いっぱい自分のこととして考えているのだが、他からの刺激を自分の日常に取り込むことが苦手であり、自分に引きつけて読めないようだ。

「自分の主観だけでものごとを判断せず、客観的に観察する視点が大切である」という今回の評論を、自分を守りすぎて他者と深く触れ合えない今の彼らにしっかり読み取って欲しい。自分に対する必要以上のこだわりは、おそらく自分を自分で認めることができない自信の無さからくるのだろう。共に部活をするときは遠慮なく意見を言い合うにもかかわらず、心の奥底では今なお他人に対して臆病な彼らに、私は新たな課題を突きつけられた気がした。

とは言うものの、残された時間はほとんど無い。とにかく今回感じたことを彼らに提起して、「それをこれからの課題として考えて欲しい。自分を自分で認めなくて、いったい誰が認めるというのか、変化した自分を、まず自分自身がきちんと認めることからすべては始まる」と感想を述べた。

倒されても起きあがる（『理性としての眼』津島佑子）

――山口記

焦るほどに時の流れは速くなる。

暑かった夏も遠く感じられるようになり、秋の気配が日ごとに増してきた。それと歩調を合わせるかのように生徒たちが落ち着きを取り戻した。何がどうなったのかよく判らなかった。現実的な進路の問題の先が見えたためなのか、それとも何か別の原因があるのか。とにかく生徒たちは憑《つ》きものが落ちたみたいに落ち着いてきた。

この津島佑子のエッセイは議論もしやすく、生徒たちが現状を再認識するのにも適した単元だった。主観と客観がなぜ反対語になっているのかを討論させることから始めて「観察すること、ひとつのことを舐《な》め尽くすように見つめること」が今の自分に足りないことに気づいて欲しかった。

「主観は自分の考えだけで判断することで、客観は他人の考えを参考にして判断すること」

「感情の大きさの違いやなかと？」

「主観は自分の視点で、客観は他人の視点」

「他人の視点ち何?・」

「だから判断の基準に感情を使うかどうかやなか?・」

「判断するときは感情はいつも使うやろもん?・」

そう言い合いながら生徒たちは意見を積み上げていこうとするが、ただ同じ所をぐるぐると廻っているだけかもしれなかった。

この頃には「アンビバレンス」「ロジック」などのいわゆる評論用語を操れるようになり、少し高度な意見を組み立てて発表できるようになっていた。そして女の子がどんどん議論に加わり始めた。

発表の先輩格であるアキフミやサトシが少し難しい言葉を使って説明を始めると、「そげん難しかことば言うてもわからん」と女の子が切り返す。以前ならばアキフミなどは理解してもらえないことに苛立っていたのだが、「それじゃあ…」と言いながら丁寧に説明をし直した。包容力を身につけながら議論を楽しむようになっていた。

「理性」「本能」「観察」等の言葉は漠然と理解しているだけで、自分の内面にあるそれらの関係する部分に目を向けさせると、途端に目を背けようとする。言葉遊びの段階はそろそろ卒業して欲しかった。しっかりと現実と照らし合わせた発言をして欲しい。

「何かを観察したことがあるのか?・」「漠然と何かを見て、漠然と生きてきたのではないのか?」と自問して欲しかった。

この頃のエリは、ただみんなの意見を消化することに一生懸命で、くるくると表情を変えて意見に耳を傾けながらメモを取っていた。

アキフミとユキが衝突しながら面白い発言を続けたのだが、その言葉は周囲の者には届かなかった。自分勝手な思い込みや独特の使い方で発言をするので、私がまとめてやると意見展開をしていくのだが、そうでなければ停滞してしまう。リーダーシップを取れる存在が現れて欲しかったのだが、今の彼らにはまだまだ難しい要求だったようだ。そのことが自分たちでも判っているので、自分たちだけで思うように授業を進められない苛立ちが表情にでていた。それはまだ私に頼らざるを得ないことのもどかしさや、私の発言ですべてがひっくり返されてしまうことへの情けなさだった。それに自分の現状に気づいたときなどの悔しさだったのかもしれない。

私が議論に加わると、身構えてしまう。

私　「変化する感性を持つ人間社会の中で、普遍的に受け継がれている作品に共通するものは何でしょう?」

生徒「人が普遍的に持つものを描いているということ」

私　「じゃあ、それぞれ異なった感性を持つ人間に共通するものはどんなものでしょう?」

生徒「……」
私「人間には共通する普遍的なものがあるようですが、それは何でしょう？」
生徒「恋とか、向上心とか、安息？」
私「君たちは優れた芸術作品に触れたいという欲求はありますか？　あるいは触れた喜びを知っていますか？」
生徒「……」
私「芸術に触れようともせず、何かを創り上げようともせず、君たちはいったい何を生活の中心に据《す》えて生活しているのですか？」
生徒「将来の目標とか、学校…？」
私「は、目的を持って何かを見たことがありますか？」
生徒「……」
自分の内面と向き合わねばならなくなると、やはり口を噤《つぐ》んでしまう。議論ができるようになったといってもそれは表面的なものだったのだろうか。
生徒たちの内面を見つめる質問ではなく、教科書に則した質問ならばどうにか答えらしくなってきた。
私「『情動的で脆弱《ぜいじゃく》な人間』とはどういうことですか？　具体的な例を挙げて説明して

ください」

生徒「感情に左右されて傷つきやすい人間」

生徒「感情に左右されて基準がずれる人間」

生徒「感情に左右されて正しいことを見失ってしまう人間」

私 「もっと具体的に、『例えば、～の場合』というように、自分に引きつけて例を挙げてください」

生徒「物事に対してさまざまな感情を抱き、急激に落ち込んだりする人間」

生徒「揺れ動き、自分の基盤が創れない人間」

生徒「強い喜怒哀楽があるために激しく感情が揺れ動く人間」

倒されても、挫けずに起き上がってくるようになっていた。

❒――嬉しい知らせ

次々に突きつけられる課題に苦しみながらも努力している彼らのもとに、まるでご褒美のように嬉しい知らせが届いた。二カ月前、私は、小論文指導の時間に書かせた作文を幾つかのコンクールに応募していた。毎日を過ごすのに夢中で誰もが作文のことなど忘れていた一一月下旬、クラスでもお姉さん的存在で、いつも演劇部の手伝いをしてくれたエルに授賞式への招待状が来た。

ホームルームで紹介すると、誰もが拍手して喜んだ。それから間もなくして、サトシやエリにも入賞の知らせが舞い込んできた。しかもサトシの場合は東京で授賞式があるという。今度はどよめきが起こり、元気な生徒たちが口々に騒ぎ出した。

「なんかうちのクラスってすごくない?」

「ちょっと悔しいけど、やっぱり嬉しい」

「自分が取ったわけじゃなくても、自分たちの自信になる気がする」

友人たちに祝福されて、サトシは晴れやかに、東京へと旅立った。その作文には、自然の中で育ったサトシにしか書けない生き生きとした世界が広がっていた。

「水のエッセイ」コンテスト優秀賞　「龍神の滝」

目の前の淵の水は、はっとするほど深く澄んでいてエメラルドグリーンがかった碧色をしている。そしてその周りを黒くごつごつした岩が取り囲んでいた。岩には苔がびっしりと生えている。奥には大きな滝も見えた。こんな淵には龍や河童といった類の生物がいて、川を汚さないかとどこからかこっちを睨んでいるような気になるから不思議だ。僕らは滑り落ちそうになりながら、岩を伝って滝の少し離れた所までやって来た。滝からは一〇メートルほども離れているのに、ここまで水しぶきがかかってくる。僕らは滝の力に圧倒されながら、静かにロッドを立てた。わずかに波の立つ水面へ最初の一投を放つ。規則正しく刻まれる波に、二つの小さな波紋が生まれた。僕らは息を殺し、ゆっくりとリールを巻きながらロッドを小刻みに振る。するとただのプラスチックの塊だったルアーが、本物の小魚のように見えてきた。

「来い、来い、来い」

祈るようにつぶやきながらルアーを睨みつける。不意にルアーの後ろで黒い影が動いたような気がした。僕はさらに注意深く影の動いた場所を睨みつける。いた。山女魚らしき魚の影が、ルアーの三〇センチほど後を追って来ている。

「よし、食え。食いつけ」ゆっくりとリールを巻きながら、僕らは食い入るように魚を見つめた。リールを巻くたびに鼓動は早くなり、次第に興奮は高まっていく。影は勢いよく接近し、ルアーと影がついに重なった。食った！　その瞬間、足元で大きな水しぶきが上がった。僕が呆然と立ち尽くす足元に、ユウキが溺れそうになりながら必死で岩を登ってくる。全身ずぶ濡れになったユウキは、ガタガタと震えながら僕の隣に座った。

「もう帰ろうか」僕がそう言うとユウキは力無く頷いた。僕らは帰ろうと元来た道に目をやった。一瞬、淵の中心に透明な体の生き物が、長い体をくねらせこっちを睨んでいるような気がした。

❐──「総括」としての生徒たちの挑戦

期末試験が終わる頃になると、三、四名を除いたほとんどの生徒の進路が確定した。演劇部のメンバーも、音楽という夢のためバイト生活をするというテルヒサを除いた全員が志望通りに進学を決めていった。エリは関東の大学に、アキフミとサトシ、そしてミホは地元の大学に、他のメンバーは専門学校や短大にと、それぞれの夢に向かって走り出した。

何もかも終わってしまった教室には穏やかでゆったりとした時間が流れていたが、拍子抜けしたような物足りなさも感じられた。そんなとき、山口先生から卒業試験についての話があった。「芥川龍之介の『藪《やぶ》の中』のレポートを自分たちで作成することに挑戦するか、普通の試験をするか、自分たちで決めてください。ただしレポートは自分たちで調べるのだから、図書館に通ったり、本を読んでまとめたり、とても大変です。テストなら簡単だけど、どうするかは自分たちで選べばいい。そして選んだことには絶対責任を持つこと」

彼らがどっちを選ぶかは訊かなくてもはっきりしていた。最後の総括として何かしたいというのは感じられたし、何より「挑戦するか」と言われて、今の彼らが「いいえ」と言うはずはなかったからだ。教科書には掲載されていないが、この小説に登場する三人の心理を追っていく作業はスリリングで面白い。しかしそれを自分たちで調べていくには、かなりな知識と持続力がいるだろう。何も判らず「犯人探しをせよ」という言葉に、ただ張り切っている彼らに果たしてどこまでできるのか？　まず無理だろうと思いながらも、彼らが迷うことなくチャレンジすると言ったことが、私はとにかく嬉しかった。そして少しでもレポートが出せるようにと、七班に分けてグループで調べさせることにした。

するとおもしろいことに、アキフミやサトシら発言の中心メンバーが、まず分かれて班を構成すると言い出した。それぞれにライバル意識があり、自分の力を一人で試してみたいのだろう。また、クラスメイトたちからも「中心になれそうな人たちは分かれてくれないと不公平だ」という意見が相次いだ。そこでまず班長を決め、皆が入りたい班に自由に入ろうということになった。アサトシやユキ、運動部や生徒会の積極的な生徒たちが推薦され、黒板の上の方に名前を書く。アキフミやエリの名も上がったが、「リーダーとしての素質はないから」と辞退し、共に副班長で落ち着いた。そして皆が思い思いに信頼できる班長を選んで、その下に自分の名前を書き入れていった。人数に偏りが生じないかと内心気になったが、自分たちで適当に調整していくので、かなり均等な六班と、思い切り遊び人が集まった一班という編成になった。

「提出は一月二二日午前九時。たとえ一分でも遅れたら受け取りません。必ず完成させること。中途半端なものも駄目です」

それから彼らの慣れない図書館通いが始まった。

最後のハードル（『藪の中』芥川龍之介）

――山口記

三年生の現代文を担当したら年度末に試みることがある。芥川龍之介の『藪の中』の犯人を決定するレポート（論文）を作成させることだ。この教材はもう現代文の教科書から消えてしまった。惜しいことだ。だから本文を印刷して教科書の代わりにしている。

今回で五回目の試みになる。過去四回は特進と英語コース（二回）と普通コースで行った。のべ一二〇ほどのレポートが提出されたが、合格は一作だけだった。それほど高いレベルを高校生に要求しているわけだが、それが良いことなのかどうか私自身判らない。

三年生のこの時期になると進路もほとんど決定して、授業は消化授業になってしまい、生徒も教員もおざなりに時間をつぶしているだけだった。そんな現代文の授業がおもしろいはずはない。余った時間を有効に使うために、私はこのレポート作成作業を始めた。

提出は自由。作成したくなければしなくとも良い、そう生徒に毎回言う。進路も決まって卒業を控えるだけになったこの時期にそんな面倒臭い作業を生徒がしたいはずもなく、アルバイトや遊びに時間を使いたがっていた。しかし生徒の気持に構わずに授業を始めると、その単純な犯人探しがおもしろいのか、数人が興味を示し始める。すると次第にその輪が広がってクラス全員がレポートを提出する気になる、というのが今までのパターンだった。

さて今回のクラスはどうだろうか。明らかに今までとは違う。

今までは個人で作成させていたのだが、今回のクラスでは無理だろうと思った。四月から今まで小説を読み解いていく方法を叩き込んできたつもりだったが、『藪の中』のレポートを作成する力はまだ無いように思える。レポート作成をさせるかどうかについてはずいぶん迷った。竹島先生とも何度も議論した。行えばまた無理な要求を生徒にせざるをえなくなる。これ以上生徒を追い込んで良いものかどうか。しかし最後のハードルに生徒が立ち向かう姿を見てみたかった。

今回のクラスは能力的に個人作業では難しいだろうと判断して、班作業をさせることにした。四〇名を七班に分ける。班のメンバーの人選は生徒にまかせた。過去四回からでてきた疑問点や調査すべき問題点を資料として事前に生徒たちには渡した。過去に合格したレポートも紹介して、具体的なイメージを作りやすいようにした。それでもレポートの完成には大きな不安があった。

まずは文章を細かく分解し、時代考証や登場人物の心理を追うことに重点を置いた。

「馬バエはどういう昆虫で、どんな習性をもっていますか?」

「人間の血液は、季節によっても違いますが、どのくらいで乾くのでしょうか?」

「殺人が行われたときの天気は?」

「人間が歩く速度は?」

「この時代の婚姻制度は?」

「登場人物はどんな服装をして、どんな物を持っていて、どんなものを食べて生活していたのですか?」

ありとあらゆる質問を浴びせかける。

細かい作業が続くため集中力が持続せず、班の中で何もしない者もでてきた。ある者はヤル気充分でも、ある者はおもしろくなさそうに仕方なくつき合っているだけ。班内でのそのズレがおもしろかった。感情をぶつけ合い、ケンカでもしながら作業を進めればいいと思っていた。

とにかく生徒が持っている力を最大限に引き出したらどんなレポートができるのだろうかという好奇心に駆られて授業を進めた。細かく進めるために一日に一行も進まない日もあった。時間が足りなかった。「放課後や家でも作業を進めないと間に合いませんよ」と何度も繰り返すが、生徒の頭の中にレポートの完成形のイメージが無いため、何をどうすればよいのかが判らず作業は遅々として進まなかった。

生徒たちなりに社会の教員に訊いたり、図書館に通ったりしながら資料集めに奔走していたが、自分たちが集めた資料をどう扱って良いのか判らなくなっていた。

「君たちはカレーライスを作ったことがありますか？　レトルトパックのカレーばかりを食べているんじゃないんですか？　ニンジンやジャガイモは初めから切ってありませんよ。自分で皮をむいて切らなければならないんです。その作業を面倒臭がらないでください。誰も代わりにやってはくれません。自分の力でカレーを作ってください」

年内にテキストをひと通りは読み終えたかったのだが、現実的な作業は半分も終わらなかった。生徒は目の前にある些末な問題に対応するだけの資料収集に右往左往し、意見を展開してレポートを書く段階にはとてもたどり着きそうにはない。今まで発言していたメンバーも勝手が違うために作業の手順が判らずに立ち往生していた。意見をまとめて発言することには多少なりの自信をつけていた生徒たちも、情報を収集し、分析し、整理して文章にまとめることができない自分の限界を改めて感じていたのだろう。

二学期の終業式を迎えて、レポートはひとつも完成しないかもしれないという不安を抱え、このまま終わらせるわけにはいかないと私は強く感じた。

❐——時間が足りない!

今までのクラスなら「思い切り遊んでおいで」「もちろん!」と互いに少々浮かれながら、二学期の終わりの日を楽しんだものだ。それが今年はどうしてもレポートのことが気にかかる。

「ねえ、大丈夫?」

「まかせといて!」

そう答えたのは七班のうちで最も遊び人のグループの班長。

「だって進んでないじゃない。間に合うの? 私にだって意地がある。七班全部必ず出せるんでしょうね? 情けないクラスだなんて言われたくない」

何をして良いのか判らないまま、他の班から情報をもらってなんとか少しだけ作り始めている班に向かって言った。彼らに変わってアキフミやエリやユキ、そして勝ち気な運動部の生徒たちが真剣な表情でうなずいた。この一年、自分たちなりに山口先生とたたかってきたという思いがあるだけに、その総決算としてのレポートにはやはり特別な思い入れがあるらしい。

だから一週間前、「冬休みに特別課外をするしかないようですね」と山口先生が言ったとき、彼らの多くが「よかった! 絶対参加します」と、年末の異例の課外を当然のことのように喜んだ。

果たしてまともなものができるのか不安でたまらないが、とにかくその意欲が嬉しい。せめてあと一カ月でいいから余分に欲しい。時間の流れが速すぎる！

冬休みの集中講義――――山口記

このままでは間に合わない。三学期には四時間しか授業がなかった。希望者を募って冬休みに三日間、六時間の集中講義をすることにした。希望者は六人。今まで中心となって発言をしてきたアキフミ、エリ、サトシ、ユキらだった。彼らには最後のけじめを自分たちでつけたいというプライドがあったようで、判らないなりになんとか食らいついていこうとする意気込みはあった。しかしそれだけではハードルをクリアできない。

レポートを完成させること。それだけを目標に細かく、厳しく指示を出した。

「時間経過を表にしてください。主な容疑者である三人の時間をつき合わせるのです。誰かがウソをついているのです。そのウソを見破るために表を作成してください」

「絵を描いてください。殺害現場の絵、服装、平安京の地図、ありとあらゆる物をイメージして具体的に絵で表してください。頭の中で思い描いていてもダメです。判りきっていることでもカタチにして、自分の目で確かめてください。言葉も同じです。文字にして客観的に見てみるのです。そうすれば見えなかった部分が必ず見えてきます。面倒臭がっては何も進みません。まずは組み立ててみてください。そしてどの部分を捨てるのかを考えるのです。何を捨てるか、それが一番重要なことなのです」

「……」

「テキストに書いてあることだけを読みとってもレポートは完成しません。書かれていないことを書かれていることから読み取ってください」

このあたりからアキフミやエリの寝不足の日々が始まったようだ。生徒たちは追い詰められて、やっと動きだした。

三日間でどうにかテキストの残りをひと通り読み終えた。アキフミやエリがすがるような目で私を見る。明日からは自分たちで作業を進めなくてはならないことへの不安がはっきりと出ていた。しかし生徒自身の力でどうにかして欲しかった。と同時に、班作業を通じて他人との合同作業を学習して欲しかった。

「私が君たちにアドバイスできるのはここまでです。あとは自分たちで考えてください。自分たちの力でレポートを完成させて私に見せてください」

私はそれ以上の指示を与えずに教室を後にした。

❐――文句無く合格です！

卒業試験最終日、レポート提出の朝となった。昨日は何人かの生徒が教室に残ってレポート作成に苦しんでいたが、果たして提出できるところまで出来上がっているのか。地図や年表などのコピーをそれぞれ手にしてはいたが、肝心の証拠立てをしながら犯人を確定していく作業が進んでいなかったので、私も半分出ればいいかなと思っていた。しかし数日前、エリの班がレポートを提出し、細かいアドバイスを受けてやり直しているということを知っている班の代表者はかなり焦りを感じ、意地にもなっていたはずだ。

特にアキフミとユキは、最後の締めくくりをいい加減にしたくないと、他の生徒が帰っても一人残って頑張っていたのだから少なくとも四班は出してくるだろう。あれこれ考えながらホームルームへ行くと、七班とも提出できると言う。九時ちょうどに教室に入ってきた山口先生に班長が次々に提出するのを見ながら、少し安心した。

そして一時間後、教室を出たところで山口先生に呼び止められた。

「エリを呼んでください」

エリは緊張した表情で山口先生の前に立った。小さなエリが精いっぱい背伸びするようにして先生を見上げている。何人かでエリの家に泊まり込んで作成していたことや、エリがこの一週間ほとんどまともに寝ていないことを知っていた私は少し離れて先生の言葉を待った。

「合格です。よくここまで仕上げましたね。文句無く合格です」

その言葉を聞いた瞬間、エリはまるで少女のような無邪気な笑顔を見せた。山口先生がエリの前にさっと右手を出す。出された手をエリは涙ぐみながら握り返した。もう今にも泣きそうではあったが、きっとこの子は学校では泣かないだろう、エリの指示に従って共に作ったメンバーに対しての配慮があるからだ。でも間違いなく家に帰って思い切り涙を流すに違いない。

エリはこの困難なレポート作成で自分を試そうとしていた。目の前の課題から逃げない自分を獲得したいというのが彼女の変わらぬ願いであり、演劇を通して自分を解放したとはいえ、自分だけの力で何かをやり抜いた経験はまだない。この作業を通して納得のいく自分に出会いたいという思いが根底にあったことはひしひしと感じられた。エリの笑顔がきらきらと輝くようですがすがしい。入学したときの弱々しい表情が思い出せないほど逞しくなった彼女を見ながら、人間ってやっぱり素敵だと思わずにはいられなかった。

職員室に戻り、山口先生の机の上に置かれていたエリたちのレポートを手にした。その分厚さと手のこんだ表紙の美しさが彼らの苦労を物語っている。その表紙を開いてみると、目次は49ページにわたっていた。時代背景、当時の地図に風俗や服装…。そしてエリとミホと班長のユウがそれぞれ三人の登場人物になりきって心理分析をし、その後には、彼らが独自に創り上げた「藪の中・その後」が続く。そのストーリーの最後は「検非違使《けびいし》」のこういう言葉で締めくくられていた。

――「言葉は人間をも殺すのだ。太刀で殺されたわけではない。言葉が胸を突いたのだ」

「言葉」にこだわり続けた彼らが、確かに自分たちの力でたどり着いた結論だと思った。

生徒たちの秘めた力――山口記

予想通りではあったにも関わらず、現実を突きつけられて暗澹《あんたん》たる気持になった。生徒の不安な顔を置き去りにした年末のあの日から時間が止まったかのように、彼らの作業はまったく進んでいなかった。

「君たちは冬休みに何をしていたんですか！　やると言った以上、責任を持ってやってください！」

私の叱責の前にはうつむく彼らがいるだけだった。

残された時間はあと二週間弱。諦めたくはなかったが作業をするのは生徒だ。どこまで手助けをすればいいのか大いに迷った。今まで突き放してきたのだから、最後まで生徒の自主性にまかせたい。それくらいの力はついているはずだと思ってはいたが、あまりにも時間が足りない。生徒自身の力で生徒が満足するものを作らせたかった。

ラストスパートが始まった。各班長に提出の意志を確認したら、全班が提出すると言う。明らかに何もしていない班までもが落ちこぼれたくない意地からか、提出すると言った。形だけのレポートを七つ揃えたくはない。完成度の高いものを作成させようと、最後の手段にでた。

アキフミ、ユキ、そしてエリの三人に絞って徹底的に指示を与えた。毎日彼らの進捗《しんちょく》状況を確認して曖昧な部分を指摘していった。家に帰っても彼らの作業は続き、寝不足の目をこすりながら登校してきた。目前に迫った卒業考査などは彼らの眼中には無く「合格するレポートを作る」という思いで、彼らは作業を続けた。どこまで彼らが指示を理解し、レポートに反映できるのかという不安はあったが、あとは彼らを信じるしかなかった。

アキフミは毎日、私の所へ質問に来た。エリは班長ではないのに班員たちを動かし、責任を持って取り組んでいた。

エリはトレーシングペーパーを使って芸術的な表紙を作っていた。

「表紙を作るのに五時間もかかりました」

「時間は問題ではありません。プロセスはどうでもいいんです。結果がすべてです。表紙だけ立派でも内容がつまらなかったら意味はないでしょう？　早く仕上げにとりかかってください」

「……」

一月二二日、七つのレポートが提出された。彼らの一年間の「たたかい」が形となって、私の目の前に並んだ。私は一つひとつのレポートに丁寧に目を通した。結果は、まるで話にならないのがひとつ、レポートとして成立していないのがひとつ、努力したのは判るが、時間が足りなかったのか、未完成で終わっているのがふたつ（そのふたつはアキフミとユキが中心となって作成したものだった）、そして文句なく合格点をあげられるのがひとつ、エリを中心とした班のレポートだった。それは私の想像をはるかに超えて立派なものに仕上がっていた。私の出した指示をよく理解し、オリジナルな見解を展開しての素晴らしいできばえだった。過去唯一の合格レポートと比べてもひけを取らない。

一読後、エリを呼びだした。エリは緊張した面持ちで見上げるようにして、私の前に立った。

「合格です」

私はそれだけ言って、右手をエリに差し出した。

「ありがとうございます」

エリは右手で私の手を握った。エリの輝いた目は、二年前におどおどしながら私の前に現れた女の子とは別人の目だった。

私は生徒の秘めた力を信じ切れていなかった自分を羞じるしかなかった。生徒たちは悩み、考え、自分の力で成長していた。私が思っていたよりも、ずっと生徒たちは強かった。

最後にあと一単元授業をしたかったと思った。

エリのレポート作成記

年が明けて新学期に入った。新学期最初の授業で一度レポートを提出するつもりだったのに、まだ書き始めてもいない。頭の中には「焦燥」の二文字が大きくはびこっていた。犯人確定はまだできない。ユウ、ミホと私の三人とも意見が食い違う。私は多裏丸《たじょうまる》犯人説だった。必ずふたりを納得させて多裏丸犯人でいきたい。諦めずに最後まで頑張ろう、そう思い、授業前日、班の友だち用の（納得してもらうための）レポートを徹夜で書いた。しかし完全に納得してもらうのは難しかった。その度その度に話し合い、意見が一致した所で内容を新しく書き直す作業をした。みんな私の書いたレポートをしっかり読んでちゃんとした意見を言ってくれる。作業は大変だったが、やり甲斐があって楽しかった。

ようやく犯人確定になり、今度は今まで集めておいた資料をまとめる作業に入った。教習所に通うミホ、夜遅くまで部活のあるユウ。進み具合には限界があった。みんながカバーしきれない分は、私がどんどんしないと間に合わない。いつの間にか班を仕切っていた私は、人に指図をするからにはみんなの倍やってこなければと思った。自分は苦労しないで、みんなに強くは言えない。私はできるだけスムーズに事が進むように、授業の前日に予定を立てた。明日は誰々にこれだけ進んでもらって…自分はここまでやる…。

しかし細かくそう決めても、みんなが期日通りにしてくれるかは別だった。できない事情がそれぞれあるにせよ、正直「お願いだからやってきてよ」という思いが心の中にあった。指図となると、やはり口調が少しきつくなってしまう。あの言い方は感じ悪かったなあ、あれは無理な頼みだったのかなあと、家に帰って悩むのはしばしば。でも班を引っ張っていくのには仕方ないことだと思って、自分に言い聞かせていた。私の頭の中にはただレポートを完成させたいという思いだけがあった。その思いが疲れを押してまでもエネルギーとなっていた。

一月一九日、予定には少し遅れたが、何とか最終前に一度レポートを出す（中間報告をする）ことができた。ユウとふたりで先生の元へ出しに行く。レポートを手に取りパラパラとめくった先生は、「見にくい。何がどこに書いてあるのかよく分からない」と冷たい態度。時間のない先生だったが、少しでも書き直すためのコメントを欲しかったから無理を言って見てもらった。その間の一時間、色々なことが頭をよぎった。ダメかもしれない…、ダメ出しされるのは当たり前だと思ってはいたが、「あまりひどいことは言わないで！」と心の中で叫んでいた。寝不足の目をこすりながら、ああ昨日も寝ていない…、今日も眠れないのかと思うと疲れを感じる。そして大教室での集会もそろそろ終わろうというとき、竹島先生が私の席の方へ向かってきた。先生はにこっとしながら（いや少し目が潤《うる》んでいたような…）私の肩を何度も叩き、言った。

「今回のレポートは総決算のつもりでやったでしょ？」

私は竹島先生が私の苦労や大変さを分かってくれたんだと思い、それだけでも嬉しかった。じーんとしながら、「はい、すべてを賭《か》けてやりました」と答えてはみたが、山口先生からはきっといい返事がもらえないのだと思っていた。竹島先生の言う意味は、「頑張っただろうけど、後から山口先生に言われるのはキツイ言葉だよ。でもよく頑張った。私はそこは評価する」ということだと思った。私がショックを受けないように気を遣ってくれているのかなあ、と。

ドキドキしながら覚悟を決め、ユウと共に職員室に入った。山口先生のコメントは意外なものだった。

「別に悪くない」

それに続き、

「読んでまあ、面白かった」

嬉しくてたまらなかった。レポートが完成したわけではないが、まるで合格したような気分だった。

その後、レポートをより良くするためのアドバイスをもらい、職員室を出た。まだこの二日間でやることは山積みだったが、少しも苦には思わなかった。今までの疲れも吹っ飛んでしまった。レポートの最終提出日までには卒業考査が重なっていた。でも私の中ではレポート第一で、テストは二の次だった。家に帰ってすぐレポートに取りかかり、夜中の一時までかかった後、今度は一時から明け方までテスト勉強をして…、こんな日を何日か過ごし、レポート最終提出日を迎えた。やるだけのことはやった。後は結果がどうであれ後悔することだけはない。班みんなで作り上げた。班みんなが納得するレポートができあがった。レポートは二二日朝九時きっかりに先生の手元へ。こうして約二カ月間の奮闘は終わった。

❐――卒業を目前にして

「怯《おび》えたように周囲を窺《うかが》うエリ」から始まった彼らの三年間は、「毅然《きぜん》とした意思的な姿勢で前を見つめるエリ」の笑顔で締めくくられたような気がしてならない。三年という時の流れは教室に座るどの生徒にも何らかの変化をもたらした。この記録は演劇部員たちに焦点を合わせて追跡してみたが、それは大きな問題を抱えて入部した彼らが最も顕著に青年期の可能性を見せてくれたからだ。

彼らが変化していくとき、確実に周囲の生徒も変化している。若い世代の成長はあくまでも同世代との関わりの中でしか達成されることはなく、この記録に登場したメンバーの変化もまた、周囲を取り囲んだ友人たちの視線の中でこそ実現したものだと思われる。ひとりの人間が成長していく姿は、それを見ている者に大きな勇気と生きることの希望を与えてくれる。

「若さが持つ可能性に感動します。最初はわが子だけを見ていたのにいつのまにか他の人たちの変化が嬉しくて、見終わるとなぜか勇気が湧いてくるんです」

演劇公演の会場で何人もの保護者から言われたその言葉は、担任として三年間を共に過ごした私の気持と見事に重なる。それぞれの成長は私に新たな勇気をもたらしてくれた。感謝しながら彼らを見送りたいと思う。この三年間、私は前に向かって歩いて行こうとする彼らに笑ったり怒ったりしながらただ傍にいた。今度は立ち尽くす私の前を颯爽《さっそう》と通り過ぎて行け、凛《りん》とした背中を見せて欲しい、私はそう願わずにはいられない。

一年間を振り返って——山口記

一年という限られた時間の中で生徒たちにどれだけの方法論を叩き込めるかというのが、四月当初の私の目標だった。大学入試に対応する力をつけさせよう、ひとつでも多くの漢字や言葉を憶えさせようということはまったく考えていなかった。それは今回に限ったことではなく、私はいつもそう思って現代文の授業をしている。

ソフト（知識的なこと）は後からでもどうにかなる。漢字や文学史や文法などは集中的にでもやることができる。それよりもハード（知識の入れもの）を作る方法を教えてやることだと思う。ハードさえしっかりしていれば、ソフトは生徒たちが自分で用途に応じて組み替えていくに違いない。

そのハードを作らせるために、私は「教えない」「とことん待つ」「要求し続ける」ということを実行した。それを実行するために、私自身が毎日勉強しなければならなかった。教材に対する私の意見をはっきりと持ち、授業に臨まねばならない。そうしないと議論ができない。毎日が明日の授業のための台本作りのようなものだった。

今振り返ってみても、それが現代文の授業として正しいのかどうかまったく判らない。しかし生徒たちは結果をだしてくれた。ある部分では生徒たちは私を超えたのだろうと思う。

最後の合格レポートを読んだとき、私の感情が大きく動いた。

それは合格してくれたことの嬉しさではなく、時間が無いことの悔しさだった。ここまでのレベルをクリアできたのならもう一段、そしてさらなる高みに挑戦してみたかった。

生徒たちはもちろん、私も成長した一年だったと思う。そうしたら次の新しい世界を見てみたいという欲がでてくるが、生徒たちは卒業してしまう。時間が邪魔をする。

欲をだしていてもきりがないのかもしれない。

生徒たちは新しい場所で生き始める。

私はまた、今回の生徒たちが到達したレベルに劣らない世界を目指して、新しい生徒たちと格闘を始める。

❐――共にたたかった仲間として

卒業式まで長い休みに入る彼らを前にして、私は初めてひとつの言葉を口にした。

「ありがとう」

彼らの穏やかな表情を見ていると、それだけで何かが伝わっていることが判る。私にとって彼らはまさに共にたたかった仲間同士だ。

「先生たちと僕たちは、授業を通して共に何かを創り出しているような気がします」

いつかアキフミが言ったその言葉は見事に私たちの気持を代弁してくれたが、本当によく耐えてくれたと思う。彼らの顔を見ていると、私は言葉を続けざるを得なかった。

「特に三年になっての一年間は、私や山口先生の要求に誠意を持って応えようとしてくれたことに心から感謝しています」

すると誰かが言った。

「先生、現代文の授業、あと一単元やりたかった」

「一番しんどかったけど、もう終わったって思うと妙に寂しい」

「それに山口先生はまだ僕たちに全然満足してないんだから、時間が足りなかったことが悔しい」

私もせめてあと半年あれば、きっともっと成長するだろうにと、残念でならない。しかしこれからいよいよ彼らの本番が始まる。リハーサルを何度繰り返したところで同じことだ。

「そう言えば『推参なる山口先生を倒す』って誰か言わなかった？　あの宣言はどうなったのかしらね」

そう書いた男子生徒がしきりに照れているのを見ながら、「じゃあ、次の出校日に」と言って彼らを立たせた。私の手元には彼らが書いた最後の作文が残された。

やはりこの記録を締めくくるのは、あくまでも主役である彼らの言葉が相応しい。

「言 葉」（生徒作文）

食べようと思えば何でも食べることができる。いくら嫌いなものだとしても、吐き出さずに飲み込める。私はそうやって生きてきた。それにそうすることが良いことだと思っていた。言葉に出会うまでは。

ひとつの作文から私は「言葉」の持つおもしろさに惹《ひ》かれ始めた。その作文は私が書いたものだ。それを他人に見せたとき、私の心の中を言葉に変えて伝えることができるのだ、と思った。「言葉」というものが持つ力はすごい、と文章を書けば書くほどにそう感じた。そうやって私は自分自身に肉や骨を付けていった。

でも「言葉」というものは時に私を苦しめる。脳みそが言葉で埋め尽くされ、現実を失ってしまいそうになる。眼の前は何とも名前の付けようのない色で覆い隠されてしまい私は逃げてしまう。そうして生み出されたのが「私」なのだ。嫌いなものでも「好きなもの」として体に取り入れようとする。自分では気づかないフレームの中で、変形しながら自分の居場所を作っていたのだ。

気づけば、私の体は脆《もろ》くなり、壊れ始めていた。私は「生きた言葉」に出会った。体の奥からじわじわと温められてゆくような、そんな言葉に触れた。言葉は私にいろんなことを教えてくれる。そして私はいろんなことを感じる。脆く、壊れ始めていた私の体に血が巡り生きているのだ、と実感した。

「食べたくないものは食べなくて良い」

そんな当たり前のことが、私には足りない。そうやって自分と向き合うこと、客観的に見ることを繰り返し、私は捜し続けようと思う。涙が溢れて止まらないときも、笑って心が晴れているときも、私の敵は「私」なのだから。(女)

「これで終わる人生じゃねぇだろ」(生徒作文)

何もかもがどうでも良かった。何をするにも「せからしい」という気持があった。透明ではない薄暗いガラスのような感じだった。触ると冷たく、ちょっとの振動でも粉々になってしまいそうな感じだった。現実というものから逃げていた。自分の存在する意味を知りたかった。ただそれだけを求めていた気がする。自分自身を理解することもなく、さまようことしかできなかった。

ある日、そんな自分がイヤになった。今までの作文を読んでいると、はっきり言って暗い。何も魅力を感じなかった。ただこういう人間とはかかわりたくない、と思う感じに読み取れる文だった。何でこんなに暗いのかなあって考えるようになった。そのとき私は周りの人を見ていなかった。自分自身しか見えてなかったのではないかと思った。

それから周囲を見つめるようになった。薄暗いガラスは透明に近づいていて、触ると触ったところだけ暖かくなり、少しだけリンとした感じになった気がした。心の底から変わりたいと願った。自分の存在する意味が判らないなら必要とされる女性になればいい。存在することに意味など必要ないと思った。たとえ意味があっても、今の私にはもう必要ないものだと思う。

何もかもが新しく始まりだしている。誰にも止められない。誰にも邪魔されない。自分だけの生き方を私は生きたいと思う。最低限度のルールは守って。この手で自分の夢をつかんだ瞬間、またそこから新しい何かが始まる。それは私の中で永遠と言っていいほど続いていくものだと思う。そしていつか、綺麗な透明の色をしていて、少しの振動でも壊れたりしないガラスのようになっていたい。リンとしていて、それでもって美しさを持っている。そんな女性になりたい。私の心にはもう曖昧な言葉も気持もない。自分というものを知ったから。（女）

そして…旅立ち。

第Ⅶ章

萌芽

——二〇〇三年

——卒業生たちは今・あとがきに代えて

エリたち第三世代が卒業して一年以上経つ。見知らぬ人たちと新しい人間関係をつくっている彼らと同じように、私もまた入れ違いに入学してきた生徒たちと生活を始めて二年目になる。

エリたちが入学したときもそうだったが、三年ぶりに一年生を担任した昨年はますます理解しづらくなった生徒たちへの対応に苦慮した。「何かしたいけど、何をしていいか判らない」と蹲るように座っていた三年前と違って、今回は「今の自分に満足しているからこのままでいい」と多くの生徒が自分について深く考えようとしない。遊ぶだけの毎日や、ただぼんやりとしているだけの日常に、なぜ満足できるのかと問いかけると、「悩むよりとりあえず楽に過ごしたいし、きついことはしたくない」と何よりも安易さを求める一年生たちに困ってしまった。

「三年前は君たちに『閉じこもりくんたちが多くて、このクラスは暗い』って散々毒づいたけど、自分の現状に悩んでいた分だけ君たちの方が指導しやすかった」

梅野先輩から演劇部の指導を受け継いだテルヒサやアキフミに愚痴を言うと、かつて江口や梅野が口にしたのと同じ言葉を即座に返してきた。

「三年前も僕たちずいぶん聞かされました。『今年卒業した先輩たちはもっと大人だったのに、君たちどうしてそんなにプライドがないの?』って。初めから満足できる生徒だったら、先生いりませんよ。そこを変えるのがおもしろさじゃないんですか?」

そう言いながら後輩の面倒を見てくれた彼ら卒業生たちに、今回もまたどれほど助けられたことか。

私がクラスの生徒たちに振り回されている間、ふたりは休みごとに北九州から帰ってくるサトシと三人で演劇部の指導に真摯に取り組んでくれた。その甲斐あって昨年はなんと初の県大会突破。博多座で開催された九州大会には江口や梅野はもちろんのこと、何人もの先輩たちが駆けつけ、まず真っ先に、演出した三人の労をねぎらっていた。

「テルヒサくんたちのお陰で演劇部にまた新たな目標ができましたね。離れているから何もできないけど、なんだか私たちの代がひとつ壁を打ち破ったようで誇らしい気持です」

東京から飛んで帰ってきたエリがそう言うと、横でユキやミホら女の子たちが頷いている。

江口たち第一世代が卒業して八年。いつの間にか先輩が後輩を指導するというわが部独自のスタイルは地中にしっかりとその根を下ろしたようだ。顧問の私は相変わらず気になる生徒を強引に勧誘してきては、「なんとか自立させてよ」と無責任にも彼らに預けている。だがどんな生徒であれ、江口や梅野と同じように、彼らも怯《ひる》むことはない。

「僕たちがそうだったように、問題を抱えている生徒の方が求めているものは大きいんだから。先生、どんなタイプでも誘ってくださいよ。人間なんてどう変わるか判らないんだから」

自分自身の体験からつかんだ「人はきっかけさえあれば変化するものだ」という確信は、彼らの心に人間存在への信頼を生み出しているようだ。だからたとえやっかいな後輩でも、彼らは決して焦ったりはしない。部員たちの甘えが見えると、すぐ何か言いたくなる私を、むしろ彼らの方が制止する。
「もうしばらく様子を見ましょう。まだまだ上から言うべきじゃないですよ。自分で判らないと無意味だし、それに気づかないはずはないんですから」

こうして四年前の姿が思い出せないほど頼もしくなった彼らは、昨年の後半から高校演劇という狭い空間だけにとどまらず、私の知らない世界で新たな冒険を始めている。

この半年間、彼ら三人とミホは、小学校の総合学習の時間に一〇人の子どもたちを受け持ち、演劇指導をしてきた。後輩の指導をしている彼らの姿に惹かれた古川さんが、自分の勤める小学校に彼らを「先生」として招いてくれたのだ。

またこの春、八女市が企画した住民参加の演劇創りにも協力して欲しいと市の生涯学習から依頼があり、結局、指導者的な立場でかかわっていたらしい。さまざまな仕事を持つ大人たちに指示するのはかなり神経を使う作業だったというが、自分の親より年上の人たちに信頼されたことが、彼らをますます柔軟な心の持ち主にしてくれたようだ。

青年たちが自分の世界を拡げて行く様子を目の当たりにすることは、なんと痛快な体験だろう。かつては私が新しい世界を彼らに見せる役だったのに、今では私の方が彼らの挑戦を楽しみにする側へと立場がすっかり逆転した。

先日も私はある卒業生の行動力に驚かされてしまった。

一カ月前の夜遅く、自宅でピアノ教室を開いている知り合いから「竹島さん、本当にありがとう」と突然の電話があった。何のことか判らず、「え?、あの…」と沈黙すると、「ノダくんから聞いてなかったんですか?」と受話器から明るい声が響いた。何年か前、私は、「意味のない人生を送ってきたように思える」と自分の人生に懐疑的になってしまったその人の悩みを聞いたことがある。すっかり自信を取り戻したらしい彼女にいったい何があったのかと、後の言葉に興味を持った。

「いつか生徒さんを何人か派遣してくださいってお願いしたことがあったでしょ」

「ああ、障害を持つ子どもたちの心と身体に音楽で働きかけてみるって試みのこと?」

「そうです。たった五人で始めたその活動が今や三〇人近くに膨《ふく》れ上がり、今年は市からも認知され、援助まで受けるようになったんです。これも竹島さんがよこしてくれたノダくんのお陰。彼が次々に竹島さんのクラスの生徒さんや演劇部の後輩を連れて来て、子どもたちのお兄さん、お姉さん役をしてくれたので生き生きした活動になって。感謝してます」

そう言われると困ってしまった。確かに私は三年ほど前、サトシとともに弓道部と掛け持ちをしながら演劇部に入部し、裏方を引き受けてくれたノダに頼んだことがある。

「ノダちゃん、悪いけど知り合いのピアノの先生に頼まれたから行ってみてくれない？　ノダちゃんならきっと彼女の気持が理解できると思うから」

なんとも無責任な決めつけだったが、中学時代、生死を彷徨《さまよ》うほどの大病をし、長い入院生活を経験した彼なら、きっと興味を持つに違いないと考えたからだ。誠実なノダちゃんが何のことか判らないまま、とにかく何人かの友人を無理矢理連れて参加し始めたのは知っていた。しかしその後どうしているのかと詳しく聞いたことはなかった。時々「行ってるの？」「行ってますよ。楽しいから」という簡単な会話くらいはしていたけれども。彼女の話によれば、今はノダの通う大学の友人や、演劇部に入部したばかりの一年生まで参加しているとのこと。

私が知らないうちに、どうやら彼らはあちこちで小さな芽をそっと地表に出し始めているらしい。なかなか動き出そうとしない高校生たちに心が萎《な》えそうになる私にとって、そうした卒業生たちの行動は不思議な勇気を与えてくれる。たとえどんなに時間がかかろうとも諦めるわけにはいかない。入学したときの彼らから今の姿が想像できなかったように、今のメンバーだってどう変化するか判らないのだから。

そう言えば先週、担任しているクラスで短歌を書かせてみたら、教室では見られない彼らの内面に出会い、久し振りに心がときめいた。欠席が多く「学校辞める」とくり返す男子生徒や、ほとんど感情を表面に出さない女子生徒から不意に生み出される柔らかな言葉たち。

・ネクタイの締め方分からず困るボク父さんそっと教えてくれた

・父さんと黙りこくって車の中春の風吹き寝たふりしてる

歌のうまさというよりも、自分を客観的に見つめる目や、周囲に対する優しい視線に出会ったとき、私は青春期を生きる者たちへの深い共感を覚える。この代の生徒たちもゆっくりとではあるが、動き出しているのかもしれない。その繊細な変化をきちんと受け取ることこそが私たちの仕事だろう。

・夢という言葉に背中押されつつどの道行けば夢につながる

・私には私だけのドラマがあるあの一瞬もこの一瞬も

全くそうだ。どの生徒もがさまざまなドラマを生きている。地味であれ派手であれ、その生徒がそこに座っているだけですでにドラマは存在する。願わくば、できる限り多くの人が絡み合い、心が大きく揺れ動く舞台を創り出して欲しい。「先生」と呼ばれながらも、生徒たちが最も知りたい「どの道を行けば夢にたどり着く?」という疑問の前では、私たちもまた実に無力な存在だ。だがその答えを共に探すことならできる。誰にも答えることのできない最も困難な問題に一緒に向かい合ってみよう。テルヒサたちが言ったように「人間なんてどう変わるか全く判らない」ものなんだから。

さあ、今年も立ち止まっているわけにはいかない。

〔追記〕本編第Ⅲ章から第Ⅵ章は月刊『虹』（九州公論社）二〇〇二年四月号から七月号に『白いチョーク』と題して掲載されたものに加筆いたしました。

〔解説〕

竹島・山口実践にみる青年期教育の原点

◉福岡教育大学教授　高田　清

私の竹島実践との出会いは、一九九六年に、竹島さんが福岡県高校生活指導研究協議会（福岡高生研）で実践報告をしたときである。それ以来、氏の高校演劇活動の指導を中心とした実践報告を、折に触れて聞き続けてきた。

竹島さんは、演劇活動の指導に行き詰まったとき、まず授業から変えていく必要を痛感する。生徒たちに「言葉を獲得させること」、彼らを「知的に鍛えること」なしには、演劇活動の行き詰まりを克服できない。そのためには、生徒たちを圧倒する「知的な大人」と出会わせることだ。そこで、自分のクラスの授業を山口さんに託すことを試みたのである。私の山口さんとの出会いは、それがきっかけであった。二〇〇一年のことである。

✳――安部公房『赤い繭』の授業を見る

その年の五月から六月にかけて、私は毎週のように竹島さん、山口さんの授業を見に行った。その日は、安部公房の『赤い繭』の授業であった。朝から強い雨が降り続いていた。一時限目の出欠をとった後、山口さんは雨の降る窓の方を見ながら、ボソッと言った。

「雨ですね。雨があがったとき、何か出るね?」

「ニジ!」

「ニジって、どうやって書くか知ってる?」

「虹」

「何で、虫へんなの?」

「?」

「昔、『虫』はね、生き物の総称、特に爬虫類をさす。へびを意味した。『工』は〈つらぬく〉の字義でね、天空を貫く蛇。昔の人は、虹を生き物としてとらえた。竜です。動物だとすると雄と雌があるね。だから虹にも、雄と雌がある。雄が虹、雌が霓《にじ》です。色が鮮やかなのが雄で……、一番外側が赤で……」と続いた。

さらに、山口さんは生徒たちにたずねた。

「〈あかい〉と聞いて、いくつ漢字が書けますか?」

生徒たちは「赤」「朱」「紅」の三つ。私はもう一つ「緋」を思い浮かべていた。ところが山口さんは「こんな字もある」と書き始めた。「丹」「絳」「赫」「赭」「彤」「赧」……、一三ほど板書した。私は、生徒たちと一緒に黒板を見つめた。

「全部で二〇以上あります。言葉が違うと対象が違う、それらを総称して『赤』の字を使います」

山口さんは授業に入る際、はじめに「前ふり」と称するこうした話をする。しかも、思いつきではなく、その日の授業への導入として周到に用意された「前ふり」である。身体を起こして話を聞く生徒たちの顔には、青年らしい「知」へのあこがれが浮かんでいた。

こうして私が竹島さんや山口さんを通して出会った高校生たちは、ごく普通の礼儀正しい若者たちであった。演劇に熱中し、ちょっと難しい言葉をカッコつけて使ってみたりする、むしろ懐かしさを感ずる青年らしい青年たちである。しかし、入学してきた頃の彼らの様子を知ると、深い感慨を覚えるのである。「教育」によって子どもが変わるということを、これほど鮮明に立ち会って見ることは、そんなにあることではないから。

✺——竹島・山口実践の三つの特質

竹島さんと山口さんの指導の仕方は、ある意味では対照的である。竹島さんは、生徒たちとの「格闘」を遊び、楽しんでいる風である。生徒たちをおだて、焚《た》きつけ、やり込め、ときに熱っぽく訴えたり、生徒からの批判に反省したり。私が竹島実践に感じた魅力は、まずは、苦悩する若者たちの心の内面にまっすぐに踏み込み、ためらいなく要求していく指導の姿と、その語りかける言葉の「美しさ」である。家庭崩壊を背負いながら教室で机に伏している生徒たちに語る。

「きれいに起きあがってね。ゾンビみたいに起きあがらないでネ」

そして、生徒たちが苦悩を抱えながら少しずつ変わっていく姿と、彼らの内面を生き生きと伝えてくれる。

一方、山口さんは、めったに生徒を褒めない。生徒の「語尾上げことば」や、「～じゃないですかぁ」といった発言は無視する。教師の顔を窺うような生徒の視線を突き放すように拒否する。にこやかに語りかけもするが、生徒の気を引こうとするような態度は、彼には皆無である。なのに、生徒たちとって無視できない存在として目の前に立ちはだかるのである。

このように対照的な二人だが、その指導の教育的本質は、不思議なほど共通している。その教育実践はどのような特質をもっているのだろうか。

（1）知的レベルを下げない

安部公房の『赤い繭』など、けっして易しい教材ではない。むしろ難解な作品である。しかし、竹島さんも山口さんも学力的に困難な生徒だからといって、決して読み取りのレベルを下げない。普通では許されないほど時間をかけ、一時間に数行しか進まないこともあるほど時間をかけて、彼らに読み取ることを迫る。それは、彼らに「生きていくための言葉」を獲得させようとするからである。受験のための道具としての国語の学力ではない。生きていく力としての言葉を獲得させたいと願うからである。

青年は、言葉を獲得することで世界を拡げていく。抽象的な言葉を覚え、分かったふりして使ってみる。背伸びをして難しい言葉を使いながら考える力と考える世界を拡げていく。だから青年期にふさわしい知的な世界を与えることが必要である。生徒たちのレベルに合わせた「知」ではない。彼らのレベルを超えていようと青年に必要な言葉を獲得させようとするのである。生徒たちは全員、机の上に国語辞書を置いている。教師が難しい言葉を使うたびに、彼らは辞書を引く。

竹島さん、山口さんの作文や詩の指導も、書くことで自分を見つめ、自分と出会い、生き方を考える力の獲得を要求するものである。現代の生活綴方教育とも言える実践である。

また、言葉は社会的に生きる力でもある。竹島さんは、初日の教室で担任に「あんた、誰？」と言いながら絡んでくる生徒たちに、「〝あんた〟じゃなくて〝先生〟って言いなさいよ。別に私、君たちに尊敬して欲しくて言ってるんじゃないわよ。敬語をきちんと使えないと、誰からも相手にしてもらえないから言ってるの。丁寧な言葉でしゃべられたら、誰だってその人にはちゃんと対応する。でもぞんざいな言葉で言われたら、やっぱりぞんざいに扱うしかない。それが常識ってものよ」と迫る。

生徒たちは学校の中だけで生きていくのではない。広い社会の中で生きていかなくてはならない。社会できちんとした人間として生きていくことができるように、きちんとした言葉を獲得することを要求するのである。

(2) 強靱な指導と繊細な生徒理解

竹島さんと山口さんの指導には、独特の、ときには誤解されかねないような厳しさがある。

竹島さんは、生徒が演劇部の活動に家庭の問題を持ち込もうとすると、「あなたの家庭の問題は、あなたの問題でしょ。自分で責任もってください。自分で父親と対決しなくてはダメ！」「演劇は教育ではありません。舞台は一回だけ。一回のミスも大変困ります」と突き放す。生徒たちの抱える問題の背景に、家庭崩壊があることは十分に分かっている。分かるからと同情し、甘くしたり、許したりしない。家庭の厳しい状況が分かれば分かるほど要求していく。生徒たちは、要求してくる存在を求めているのだからと。やさしい親と教師たちから、要求もされずに、腫れ物に触るように扱われてきたその彼らが、まっすぐな要求を突きつけられたとき、「自分を一人の人間として見てくれている」と受けとめるのである。

山口さんは、生徒の書いてきた作品だけを評価する。「あなたにどういう事情があるかは、私には関係ないことです。私にはあなたの作品だけが問題です」と。「生徒が頑張って書いたんだから」と褒めたりしない。むしろ「オレに、くだらない文を読ませるな」と突き放す。安易な優しさ、安易な評価は生徒をダメにすると否定する。

授業でも、優しく正解を教えてやることをしない。読み取りに生徒たちが行き詰まり沈黙すると、「じぁ、次に行こう」と進めてしまう。生徒たちは「また置き去りにされる!」と嘆く。そこで正解を教えてやれば、課題は解決し生徒たちはノートに書いて安心する。そしてそれ以上考えない。しかし、生徒たちは置き去りされることで、自分で考え続けるべき課題として背負う。受験教育は、常に正解に到達する力を育てなくてはならない。しかし教育は、考え続ける学びの主体を育てなくてはならない。

二人のこうした生徒を突き放すような強靱な指導の裏には、実に的確で繊細な生徒理解がある。〝ガラス細工〟のようなエリが書いてきた作文に、山口さんは「つまらん。この文章のどこに君はいるのか」とコメントする。「自分が登校拒否だったことを、そうそう自慢してもらっても困る。いい加減そこから離れろよ」と。

竹島さんは内心、「この子にいま、そこまで言わないでよ」と慌てる。しかし、山口さんはエリの文章を見て、「この子は、自分が登校拒否だったという過去を安全地帯にして、自分や他人に甘えてきた。しかし、いまエリは、自分への甘えから自立しようとしている」という内面を読み取る。そこで、ここまで言っても大丈夫だという判断をして厳しいコメントをしたのである。

私は、生徒についての二人の話を聞きながら、ここまで深く子どもの内面世界をとらえているのか、と驚くことがたびたびであった。同時に、二人が対照的な指導スタイルを持ちながら、共通の教育観と妥協のない要求をもって、生徒たちに迫っていく実践の凄さを感じていた。

(3) 生徒の生きていく社会と出会わせる

竹島実践の特筆すべき取り組みは、彼らの生きていく社会との出会い、大人との出会いをつくり出していったことである。

竹島さんは、生徒たちへの指導を一人で背負わない。「私についてきなさい、良いことあるよ。どれだけ素敵な大人を紹介できるかが人間の財産なのよ」と言いながら、「ちゃんとした大人」を生徒たちにぶつけていく。演劇活動をとおしての先輩たちとの出会い、古川先生夫妻との出会い、公演に招いてくれる行政の人たちとの出会い、老人ホームのお年寄りたちとの出会い等々。それによって、学校的価値基準だけが支配している世界から、多様な価値観が共存する現実の世界へと生徒たちを連れ出す。

子どもは、「シャンとした大人」と出会うことで、大人へと成長していくのである。生徒たちは「自分たちも人に感動を与えられるんだ」と驚き、期待を寄せてくれる大人たち、裏切ることのできない大人たちのまなざしのなかで、責任をもった生き方へと鍛えられるのである。

また、短歌コンクールや作文コンクールに応募し、演劇コンクールなどに参加することは、学校内的な価値基準を越えて、社会的な価値評価のなかで自分たちを見いださせ、自信と誇りを獲得させているのである。


この本は、教育というものが本来もつべき最も本質的なエネルギーと優しさと、そして生き生きとしたドラマ性を、溢れるようにもつ実践記録である。そして、教育実践を一人の教師ではなく、個性を持った教師たちが互いに支え合って生徒たちを育てていくことの素晴らしさ、また、一生懸命に生きている人々との誠実な出会いのなかでこそ、人間が豊かに成長することを鮮やかに示してくれる。

いま教師たちの多くは、緊張を強いる閉塞感と多忙のなかで、身を堅くして仕事をしているように思われる。そのなかで、この『虹を追うものたち』は、「そうだ、教育ってこれだったんだ!」と、初めて教師になったとき、誰もがもった、あの夢と情熱を思い起こさせてくれるのである。

竹島由美子（たけしま・ゆみこ）
香川県生まれ。國學院大学文学部卒。小・中学校の講師を経て、西日本短期大学附属高等学校に勤務。国語科教諭、演劇部顧問。2002年「演劇を通して、授業を通して自己変革を目指した生徒たちの軌跡」（山口文彦共同執筆）で第51回読売教育賞児童生徒部門優秀賞受賞。

山口文彦（やまぐち・ふみひこ）
大谷大学文学部文学科国文学分野卒業。1991年4月より2003年3月まで西日本短期大学附属高等学校に国語科常勤講師、文藝部顧問として勤務。現在大牟田高等学校に勤務。

高田清（たかだ・きよし）
1947年、岐阜県生まれ。広島大学教育学部大学院博士課程中退。現在、福岡教育大学教授。教育方法学専攻。

虹を追うものたち
●二〇〇三年 七 月二〇日——第一刷発行
著　者／竹島由美子＋山口文彦
発行所／株式会社 高文研
東京都千代田区猿楽町二－一－八
三恵ビル（〒一〇一＝〇〇六四）
電話 03＝3295＝3415
振替 00160＝6＝18956
http://www.koubunken.co.jp
組版／WEB D（ウェブディー）
印刷・製本／精文堂印刷株式会社

ISBN4-87498-309-X　C0037